Om författaren

Lou Rehnlund är en social entreprenör med många års erfarenhet som ledare. Hon har specialiserat sig på tacksamhetspraktiserande som ett verktyg för välbefinnande och hållbara arbetskulturer.

Lou är mest känd som grundare av modellagenturen Funki models, för människor med funktionsnedsättningar, som uppmärksammades i de flesta nyhetsmedier och som Svt gjort en dokumentärfilm om.

Lou startade 2020 Tacksam.nu – en verksamhet med syfte att sprida tacksamhet på företag, organisationer, skolor och institutioner.

Tacksamhet

=

Lönsamhet

Den nya tidens ledarskap,
för organisationer som människor vill
arbeta på och kunder vill köpa av

Lou Rehnlund

Förlag: BoD - Books on Demand, Stockholm Sverige

Tryck: BoD - Books on Demand, Norderstedt, Tyskland

Grafisk form: Tacksam.nu

ISBN: 978-91-8057-855-4

Innehåll

Några reflektioner om tacksamhet av
Göran Garberg, Christer Olsson, Annika Dopping
och Jan Gunnarsson 7

Författarens ord 14

Tacksamhet och lönsamhet i korthet 15

Tacksamhetens effekter A-Ö 17

Vad är egentligen tacksamhet? 21

Varför ska man vara tacksam? 34

Hur tacksamhet blir lönsamt 62

Hur gör man? 99

Tacksamhet i näringslivet – några goda exempel 122

Din egen tacksamhet 143

Efterord 157

Verktyg för att mäta tacksamhet 159

Referenser 167

Några reflektioner om tacksamhet

Göran Garberg

Civilekonom, entreprenör, företagsledare. Gift sedan 40 år, sex barn, elva barnbarn – ja, det finns mycket att vara tacksam för.

Tacksamhet är ett val

Varför gillar man spontant vissa människor, människor man inte känner men plötsligt känner för? De är inte skrytsamma eller märkvärdiga, och verkar vara intresserade av mig, lite nyfikna och vänliga. De är inkluderande, säger vänliga saker, stöttar och bekräftar, behövs inte alltid ord, räcker med en gest, ett leende, att de låter en prata till punkt. De bjuder på sig själva, visar medmänsklighet och empati. De är trygga och har god självkänsla.

Jag tror denna trygghet beror på en i grunden ärligt känd tacksamhet. Viljan och förmågan att känna tacksamhet kommer först, sedan följer allt det där inre goda som man vill ha och bära med sig genom livet. Tacksamhet utvecklar självkänslan och självbilden, vilket strålas ut i din personlighet, när du möter andra och där du vinner gehör, får respons, kanske nya vänner, kanske jobbmöjligheter.

Tacksamhet är ett val, en strategi om du vill, som gör att man slutar tävla med andra och snarare – trygg i sig själv – gläds över andras framgångar. Att i varje läge känna tacksamhet för det man har, att se det vackra i det som finns omkring, inte minst "i det lilla" – och inte surt ständigt trakta efter det man inte har. Den som uppskattar det den har – trots alla bekymmer de flesta brottas med – lever mer harmoniskt, det skänker tröst och det skänker hopp. Och ju mer du tränar på detta, desto bättre blir du på att uppleva tacksamhet.

Betyder detta med tacksamhet att man slår av på takten, att man slutar sträva? Nej man slutar bara oroligt sträva efter fel saker; värre, större, snyggare, dyrare och istället sträva efter vad som är viktigt på riktigt, nu utifrån en inre trygghet och bättre självkänsla.

Enligt World Culture Map, är Sverige det land i världen, där flest människor strävar efter självförverkligande. Självförverkligande tar sig oftast uttryck i yttre betingelser, saker utanför en själv såsom bilar, stora hus, mode, dyra klockor med mera – det ska synas att jag är någon. Alltför sällan tas det ut i inre betingelser som kärlek, nöjdhet och tacksamhet.

Jag vet att många brottas med problem, frustration och känsla av otillräcklighet. Det vore förmätet att säga att tacksamhet är universallösningen på allt, men det är klokt att försöka.

Det finns trots allt så mycket att vara tacksam för. Tack Lou för att du lagt ned din själ på detta.

Christer Olsson

Affärsman, ledarskapscoach och föreläsare med flera utnämningar som bland annat Årets Talare och Stora talarpriset.

Jag vaknar och somnar med tacksamhet

Det blev oväntat intressant för mig att stanna upp och reflektera kring ordet tacksamhet. Jag har i många år pratat om att lycka inte är en tillfällighet utan en färdighet som utgår ifrån vår förmåga att se det vi har och inte det vi inte har. När jag nu funderar på tacksamhet, landar jag i att det inte går att vara lycklig om man inte är tacksam. Jag är nog själv väldigt påverkad av min historia, då jag som 15 åring, när min pappa dog, pratade om att jag ändå var glad att han var min pappa ända in i döden.

En av mina bästa kompisars pappa lämnade honom och familjen ungefär samtidigt. Det tyckte jag var värre än att min pappa dog. Sedan den upplevelsen, inser jag nu, har jag använt samma metodik för att se det bästa i allt som händer mig och vara tacksam för det. När jag vaknar varje dag, startar jag med att vara tacksam för just det; att jag vaknar, själva livet är så förunderligt och där börjar min dag. Sen är jag uppväxt med en godnattbön som jag utvecklat, där jag tackar för allt jag fått och allt jag lärt och att jag är just tacksam. Detta somnar jag med.

Jag är tacksam för möjligheten att få bidra med mina reflektioner kring detta magiska ord och att Lou skrivit en bok om det kanske mest fundamentala ordet för lycka och välmående: Tacksamhet.

Annika Dopping

TV-programledare, filmproducent, och kommunikationsstrateg med ett brinnande intresse för hållbarhetsfrågor, ledarskap och samhällsutveckling.

Det är tid att odla vår tacksamhet

Nyligen såg jag ett nyhetsinslag som gjorde djupt intryck på mig och stannade kvar i tankarna. Det visade ännu ett av alla krigsdrabbade offer, denna gång en kvinna som blickade ut över den askgrå, dammiga förödelsen. Av det som en gång varit hennes hem återstod nu bara söndersmulad betong och tillknycklade järnrör.

Det var hennes förtvivlade ord ”*Vi var så lyckliga här – men vi förstod inte det då*” som påminde mig om ordspråket ”*Hälsan tiger still*” – hur lätt det är att ta hälsan för given tills man drabbas av ohälsa, när plötsligt längtan att till varje pris få hälsan tillbaka överskuggar allt…

Värdet av att aktivt och regelbundet odla känslan av tacksamhet är något urfolk i alla tider både insett och gett uttryck för. Att aldrig ta vare sig livet, vattnet, jorden, luften, maten, elden, tryggheten, kärleken, familjen, vännerna, glädjen, musiken, konsten eller berättelserna för givna.

Därför har man ritualiserat dagliga tacksamhetsböner och – som indianhövding Oren Lyons brukar påpeka – valt att ”personifiera” Moder Jord för att än tydligare känna tacksamhet över att hon föder oss. Med det följer också ansvaret att måna om naturens möjligheter att återskapas och att ödmjukt underordna sig naturlagarna för att möjliggöra återväxt för gröda och djur. (Eller i mer materialistiska termer "*inte leva på kapitalet utan på räntan*" och minnas uttrycket "*Verklig fattigdom är den att aldrig vara nöjd med det man har*").

Det har varit upplyftande att få medverka i tacksägelseceremonier där man i tur och ordning – utöver att tacka Moder Jord för sådant som grönsaker, frukt, medicinalväxter och blommor – också tackar för den livgivande solen, för månen som styr de stora vattnen, för vindarna som bidrar till ständig förnyelse, för bäckar, sjöar, floder och oceaner, regn och snö, hagel och åska – alla former av vatten som släcker vår törst och hjälper allt att växa.

Man tackar också för alla djur i vattnet, på jorden och i luften som ger oss mat och lär oss leva i samklang med naturen. Liksom för fåglarnas insats att städa upp i naturen nattetid ("The Cleaning Squad") och för vänner och familj som funnits där för oss i med- och motgång.

Vissa tider på året kan tacksägelserna pågå i många timmar, men det viktiga är att dagligen formulera sig.

Orden skapar frid och ro i sinnet. Det är tid att odla vår tacksamhet.

Jan Gunnarsson

Författare och föreläsare i värdskap - konsten att få människor att känna sig välkomna.

Ringar av tacksamhet

Det är tomt på kontoret när jag kommer in vid sjusnåret en måndagsmorgon, efter skidsäsongens sista helg. Mina 20 kollegor som tillsammans med mig arbetar för att Åre ska vara en attraktiv plats att besöka och leva på kommer snart fylla lokalerna med skratt, samtal och arbete framför skärmarna.

Jag fyller min mugg med kaffe och går runt i rummen med en känsla av tacksamhet att ha rollen som ledare för gänget och det viktiga arbete vi håller på med. Inte så sällan skänker jag även en tacksam tanke till alla som bidragit till att jag kan dricka mitt kaffe, hela vägen från plantagen… Det är ett sätt att träna sin 'tacksamhetsmuskel', har jag upptäckt.

Min viktigaste uppgift som ledare är att bygga en stark gemenskap, inte bara bland oss i huset utan med alla 200 företagare i byn, det är så vi kan lyckas nå våra mål.

Att bygga gemenskap handlar mycket om en genuin känsla av tacksamhet, gentemot varandra och för att få arbeta med och för det vi gör. Det är i värdeskapandet en genuin känsla av mening och tacksamhet uppstår.

Som ledare visar jag min tacksamhet genom att inte bara ge förbättrande feedback, när jag ser saker som kan göras bättre, utan lika mycket ge en bekräftande feedback till någon som lever våra värderingar eller gör något fint för en kollega eller lyckas med ett projekt. Jag strävar efter att inte missa ett tillfälle att visa min uppskattning och tacksamhet för det människor runt omkring mig gör.

Maya Angelou, poeten, skrev ”människor minns sällan vad du sagt, men nästan alltid hur du fått dem att känna sig”.

Känslan av tacksamhet behöver inte alltid uppstå efter att något åstadkommits utan kan genom medvetenhet och uppmärksamhet bli ett ’modus operandi’, ett grundtillstånd jag bär mig om dagarna.

Precis som ett ledarskap handlar om att känna tacksamhet gentemot andra, är det är det lika viktigt att känna tacksamhet gentemot sig själv. För den jag är, det jag har och det jag gör. att ibland ge mig själv en tacksam klapp på axeln.

Det gör det så mycket enklare att sprida ringar av tacksamhet runt mig till kollegor och de vi går till jobbet för, oavsett vilken titel vi sätter på dem, som kunder, patienter, barn eller gäster, som en turistchef i Åre för några år sedan skulle säga.

Författarens ord

För ett antal år sedan blev jag uppmärksam på forskningen kring tacksamhet i arbetslivet, framför allt i USA, där välrenommerade universitet som Harvard och Berkeley under många år studerat detta. De har sett hur tacksamhetspraktiserande lett till ökad lönsamhet, inte minst genom personalens trivsel och minskad personalomsättning, men också genom ökad produktivitet och nöjdare kunder.

Det slog mig då att det inte talas om detta i Sverige inom arbetslivet, då tacksamhetspraktiserande här mest varit förknippat med new age och religion.

Jag har skrivit denna bok för att sprida tacksamhetspraktiserande i arbetslivet med visionen om blomstrande arbetsplatser och ett transformerat svenskt arbetsliv. Den förändringen måste börja med oss som ledare. När vi börjar praktisera tacksamhet i våra egna liv, kommer det att spridas vidare till våra medarbetare. De kommer i sin tur att ge det vidare till kunderna.

Där har vi satt igång en spiral av positiv energi, som bidrar till organisationens kultur. En kultur som människor vill arbeta i. Ett företag som människor vill köpa av. För forskningsstudier visar att praktiserandet av tacksamhet inte bara ger resultat på medarbetarnas välbefinnande, utan även på verksamhetens ekonomiska resultat.

Jag hoppas att du vill vara med på denna resa. Det kommer alla att tjäna på.

Lou Rehnlund

Social entreprenör och grundare av Tacksam.nu

Tacksamhet och lönsamhet i korthet

En undersökning av *Berkeley University*[1] visar att 93 procent av de anstälda som de frågade, håller med om att tacksamma chefer är bättre chefer och 88 procent av de anställda säger att när kollegor uttrycker tacksamhet, känner de sig lyckligare och mer uppfyllda.

I en studie från *Harvard University* och *Wharton*[2] ökade produktiviteten med mer än 50 procent när medarbetarna fick ett "tack" från en överordnad.

Det amerikanska affärskonsultföretaget *Deloitte* skriver i en rapport att företag som proaktivt arbetar med sin kultur, visar en intäktstillväxt över en 10-årsperiod som i genomsnitt är 516 procent högre än de företag som inte gör det.[3] I rapporten framgår det även att företag med mycket engagerad arbetskraft, överträffar likvärdiga företag med 147 procent i vinst per aktie.

Organisationer som praktiserar tacksamhet kan ha dubbelt så hög lönsamhet som andra inom samma fält och i genomsnitt 20 procent högre kundnöjdhet. Personalen mår också bättre, är mindre stressade och mer positiva till sitt arbete. De blir även mer hjälpsamma mot sina kollegor och förstående för sina chefer, menar ledarskapsförfattarna *Adrian Gostick* och *Chester Elton*.

En studie utförd av *Glassdoor*[172] visar att 53 procent av de anställda hävdar att de är villiga att stanna längre i ett företag om deras chef uppskattar dem mer. Samtidigt säger en annan undersökning[173] att 66 procent av de anställda är villiga att sluta sina jobb om de känner att de inte uppskattas och så många som 76 procent av Milennials skulle göra detsamma.

Anställda som inte känner sig uppskattade, upplever inte att de hör hemma på företaget och spenderar mer tid på att leta efter andra jobb. Det finns också risk för att anställda som inte känner sig sedda och bekräftade brister i lojalitet mot företaget och i värsta fall kan de sälja företagets hemligheter. Över 30 procent av 40 000 tillfrågade anställda i USA, Storbritannien, Tyskland och Australien uppgav att de skulle sälja konfidentiella uppgifter om priset var rätt.

En genomförd djupgående analys av 250 företag, visar att organisationer som investerar i medarbetarnas positiva upplevelser, är 4 gånger mer lönsamma än de som inte gör det. De genererar också 2 gånger mer intäkter i genomsnitt.

De som investerade mest i medarbetarupplevelse, inkluderades 28 gånger så ofta bland *Fast Companys* mest innovativa företag, 11,5 gånger så ofta i *Glassdoors* bästa arbetsplatser, 2,1 gånger så ofta i *Forbes* lista över världens mest innovativa företag, 4,4 gånger så ofta i *LinkedIn*'s lista över Nordamerikas mest efterfrågade arbetsgivare och dubbelt så ofta i American Customer Satisfaction Index, enligt *Harvard Business Review*.[174]

Du kan läsa mer om hur tacksamhet leder till lönsamhet i kapitlet *Hur tacksamhet blir lönsamt* på sidan 62.

Tacksamhetens effekter A-Ö

Här är några av de effekter som forskning har visat att praktiserande av tacksamhet ger. Referenser till forskningsstudierna hittar du i slutet av denna bok.

A

Arbetsmiljö – Tacksamhet ökar trivseln på arbetsplatsen.

B

Beslutsfattande – Tacksamhet främjar beslutsfattande.

Blodtryck – Tacksamhet sänker blodtrycket.

C

Cirkulation – Tacksamhet ger förbättrad cirkulation efter hjärtoperation.

D

Depression –Tacksamhet minskar depression.

E

Empati – Tacksamhet stärker empatin.

Ensamhet – Tacksamhet minskar känslan av ensamhet.

F

Familj – Tacksamhet stärker familjen.

Förlåtelse – Tacksamhet gör oss mer förlåtande.

G

Generositet – Tacksamhet ökar vår vilja att återgälda det vi fått.

H

Hjälpsamhet –Tacksamhet inspirerar oss till att bli mer hjälpsamma.
Hjärtsjukdom –Tacksamhet minskar risken för hjärtsjukdom.
Hälsa – Tacksamhet gör oss mer hälsomedvetna.

I

Immunförsvaret –Tacksamhet stärker immunförsvaret.
Inflammation – Tacksamhet minskar inflammation i kroppen.

K

Kunder – Tacksamhet stärker relationerna med kunderna.
Kärlek – Tacksamhet stärker kärleksrelationer.

L

Livslängd – Tacksamhet kan bidra till en längre livslängd.
Lojalitet –Tacksamhet ökar lojaliteten.
Lycka – Tacksamhet skapar en känsla av lycka.
Lönsamhet – Tacksamhet ökar lönsamheten.

M

Materialism – Tacksamhet gör oss mindre materialistiska.
Medarbetare – Tacksamhet stärker relationerna med och mellan medarbetarna.
Mening – Tacksamhet ger en ökad känsla av mening.
Missbruk – Tacksamhet ökar möjligheten att bli fri från missbruk och hålla sig nykter.

Motståndskraft –Tacksamhet ökar vår motståndskraft mot livets svårigheter.
Må bra – Tacksamhet får oss att må bra genom ökad utsöndring av hormoner som serotonin och dopamin.

N

Negativa känslor – Tacksamhet bidrar till att minska negativa känslor.

O

Optimism –Tacksamhet ökar en optimistisk inställning till livet.

P

Personalomsättning – Tacksamhet minskar personalomsättningen.
Perspektiv – Tacksamhet hjälper oss att ta till oss andras perspektiv.
Problematiska relationer – Tacksamhet hjälper oss att läka problematiska relationer.
Produktivitet – Tacksamhet ökar produktiviteten.
Psykisk ohälsa –Tacksamhet minskar psykiskt lidande.
PTSD –Tacksamhet minskar trauman och PTSD.

R

Relationer – Tacksamhet stärker och förbättrar relationer.

S

Sjukfrånvaro – Tacksamhet minskar sjukfrånvaron.
Självförtroende – Tacksamhet ökar självförtroendet.
Självkärlek – Tacksamhet ökar vår självkärlek.
Smärta – Tacksamhet förbättrar smärttoleransen och minskar upplevd smärta.

Stress – Tacksamhet ökar stresståligheten
Suicid – Tacksamhet minskar risken för suicid bland unga.
Svartsjuka – Tacksamhet minskar avund och svartsjuka.
Sömn –Tacksamhet ger bättre sömn och lättare insomning utan mediciner.

T

Tillfredsställelse – Tacksamhet gör oss mer tillfredsställda.
Träning –Tacksamhet motiverar oss att träna mer.
Tålamod – Tacksamhet förbättrar tålamodet.

U

Utbrändhet – Tacksamhet skyddar mot utbrändhet.
Uthållighet – Tacksamhet gör oss mer uthålliga.
Utmattning – Tacksamhet minskar tecken på utmattning.

V

Vänskap – Tacksamhet stärker vänskapsrelationer.

Å

Ångest – Tacksamhet minskar ångest.
Återköp – Tacksamhet ökar vår vilja till återköp.

Ö

Överätning – Tacksamhet minskar överätning.

Vad är egentligen tacksamhet?

Universitet över hela världen forskar om tacksamhet sedan många år och i detta kapitel kommer jag utförligt att berätta vad tacksamhet egentligen är.

Under de senaste decennierna har studier som visar hur tacksamhetspraktiserande bidrar till psykologiskt och socialt välbefinnande ökat.[4] Tacksamhet har visat sig bidra till inte bara till en mer positiv upplevelse av livet, utan också till en förbättring av psykiska och fysiska sjukdomstillstånd. Detta berättar jag mer om i kapitlet *Varför ska man vara tacksam.*

Trots att all världens religioner hyllar tacksamhet som en dygd, har den tidigare inte fått någon särskild uppmärksamhet inom den psykologiska litteraturen. Men på senare år har tacksamhetens betydelse omprövats. Utvecklingen av positiv psykologi har lett till ett ökat utbud av ny empirisk forskning, som tillsammans med en omvärdering av äldre studier, visat att tacksamhet kan förbättra välbefinnandet på två sätt: direkt som ett orsakssamband för välbefinnande och indirekt, som ett sätt att buffra mot negativa känslor.

I det här kapitlet kommer jag att redogöra för vad som definierar tacksamhet, vad det innebär att vara en tacksam person, samt tacksamhet ur ett historiskt och evolutionärt perspektiv.

Tacksamhet är ett förhållningssätt

Tacksamhet är ett förhållningssätt till livet som är frivilligt och som alla kan välja. Det har inget att göra med livsomständigheter, hälsa, rikedom eller skönhet, menar författarna till boken *Positive Organizational Scholarship* och citerar den katolska prästen och psykologen Henri Nouwen:

> *Tacksamhet involverar ett medvetet val, Jag kan välja att vara tacksam även när mina känslor är smärtsamma och förbittrade. Det är fantastiskt hur många situationer det finns där jag kan välja tacksamhet i stället för att klaga. Jag kan välja att vara tacksam när jag blir kritiserad, även när mitt hjärta reagerar med bitterhet. Jag kan välja att lyssna på rösterna som förlåter och se ansikten som ler, även om jag fortfarande hör ord av hämnd och ser grimaserna av hat.*

I korthet innebär ett tacksamt förhållningssätt till livet att vi uppmärksammar allt vi har, i stället för det vi inte har och byter fokus från brist till överflöd. Detta kanske kan låta cyniskt, med tanke på alla människor som knappt har mat för dagen, men som Siddhrta Gautama, Buddha sa:

> *Låt oss vara tacksamma, för om vi inte har lärt oss en hel del idag, så har vi åtminstone lärt oss lite, och om vi inte lärt oss lite, så är vi åtminstone inte sjuka, och om vi är sjuka, så är vi åtminstone inte döda. Så låt oss alla vara tacksamma.*

Några av de mest tacksamma människor jag mött i livet, är de som haft allra minst. För några år sedan höll jag en tacksamhetskurs för hemlösa i Stockholms Stadsmission. Deltagarna – som många skulle anse vara de mest utsatta i samhället – var tacksamma bara för att de överlevt ett hårt liv. En hade tagit sig ur ett mångårigt drogmissbruk, en annan var tacksam för varje natt som han hittade tak över huvudet.

Det handlar inte om hur mycket vi har, utan att uppskatta det vi faktiskt har och fokusera på det. Många människor som lever i överflöd känner inte uppskattning, utan har ständigt fokus på något de inte har, nästa bedrift eller föremål, som ska göra dem lyckliga. Men med det förhållningssättet blir tillfredsställelsen som vi jagar en morot, som alltid är en pinnlängd bort.

Definition av tacksamhet

Ordet tacksamhet (gratitude på engelska) kommer ifrån det latinska ordet "gratus" som betyder just tacksamhet. Alla ord som härstammar ifrån detta, har att göra med vänlighet, generositet, gåvor och att ge något utan motprestation. Huvudingrediensen i tacksamhet är en avsiktlig handling som är av värde för mottagaren[5].

"Uppskatta de små sakerna, för en dag kanske du ser tillbaka och inser att de var de stora sakerna."

Robert Brault

Även om de flesta har en instinktiv förståelse för tacksamhet, kan det vara svårt att definiera exakt vad tacksamhet är. Är det en känsla eller ett beteende och är det något som är inlärt eller medfött? Tacksamhet kan innebära olika saker för olika människor och i olika sammanhang. Forskare har dock utvecklat några ramar för att ringa in tacksamhet som begrepp, så att det kan studeras vetenskapligt.

Tacksamhet kan upplevas på många olika sätt:

- Dispositionell tacksamhet - förmågan att uppskatta det positiva i världen.
- Kollektiv tacksamhet – att dela känslan av tacksamhet i en grupp.
- Relationell tacksamhet – tacksamhet som man tar emot från andra.

Som med andra positiva känslor tycker människor i allmänhet om att känna sig tacksamma, men tacksamhet skiljer sig ifrån liknande känslor som lycka, medkänsla och stolthet genom den utlösande orsaken till tacksamheten och effekten att vi vill återgälda tacksamheten på något sätt. Medan tacksamhet utlöses av upplevda fördelar för oss, utlöses till exempel medkänsla av en tredje parts lidande.[6]

Robert A Emmons, som är en av världens ledande vetenskapliga experter på tacksamhet, menar att tacksamhet har två nyckelkomponenter: För det första är det en bekräftelse på godhet. Vi bekräftar att det finns bra saker i världen liksom gåvor och förmåner vi har fått. För det andra inser vi att källorna till denna godhet ligger utanför oss själva. Vi erkänner att andra människor – eller till och med högre makter, om du har ett andligt tankesätt – ger oss gåvor, stora som små, som hjälper oss till en positiv upplevelse.

Tacksamhet kan genereras av gåvor eller tjänster som till stor del uppfyller två kriterier:

1) De kommer som ett resultat av upplevd äkta ansträngning från givaren och
2) de är värdefulla och uppfyller något behov för mottagaren.[7]

Emmons och en annan förgrundsfigur inom tacksamhetsforskning, Michael McCullough, menar att tacksamhet är en tvåstegsprocess, där det första steget är att se att man har fått ett positivt resultat och det andra är att konstatera att det finns en extern källa för detta positiva resultat.

Även om de flesta upplevelser av tacksamhet kommer ifrån andra människors insatser, kan man också uppleva tacksamhet mot Gud, ödet, Universum och naturen. Tacksamhet kan även vara en upplevelse som inte riktas till någon särskild källa, till exempel för att man tagit sig igenom en livskris, sjukdomar, eller lyckats med någon utmaning i livet.

Tacksamheten kommer ifrån reflektionen att det inte är självklart att man uppnått det goda resultatet. Även om resultatet beror på ens egna förmågor, kan man uppleva tacksamhet för att man har just dessa, då alla inte besitter dem. På så sätt behöver inte tacksamhet ha någon särskild orsak, utan är ett sätt att se på våra liv och allt som sker, där vi väljer perspektivet tacksamhet. Det blir som ett ödmjukt förhållningssätt till livet, där vi inte tar allt för givet.

Vi kan även vara tacksamma för till synes negativa händelser, då dessa kan bidra med positiva saker i våra liv, som till exempel nya insikter och möjligheten att växa som människa. Misslyckanden är en förutsättning för att lyckas, har någon sagt. Vore det inte för motgångarna i livet, skulle vi troligen inte uppskatta framgångarna lika mycket.

Kanske är även våra antagonister de främsta läromästarna, då de kan visa oss hur vi inte vill vara och tydligare hjälpa oss att definiera vilka vi är.

Men vad är egentligen tacksamhet och var kommer tacksamheten ifrån? Varför verkar vissa människor vara naturligt mer tacksamma än andra och hur kan vi odla våra känslor av tacksamhet ytterligare? Som jag beskrivit tidigare, är tacksamhet ett medvetet val, där vi i varje situation, varje möte, varje med- och motgång i livet väljer att hitta ett perspektiv av tacksamhet. Även om det kan vara en stor utmaning i början, blir det dag för dag allt lättare att kunna skörda frukterna av tacksamhet.

Det finns ett antal faktorer som kan påverka hur mycket tacksamhet en person känner i en viss situation. De handlar bland annat om givarens upplevda avsikter; om den ansågs agera av ren altruism eller på grund av själviska motiv. Föga förvånande, visar studier att människor känner sig betydligt mer tacksamma när de vet att en givare har osjälviska avsikter, än när de tror att den vill tjäna något på det.[8]

Andra faktorer som bidrar till upplevelsen av tacksamhet är den uppenbara kostnaden för givaren och det upplevda värdet av gåvan eller tjänsten för mottagaren.

Tacksamhet och neurovetenskap

Studier inom neurovetenskapen[9] har kunnat identifierat de områden i hjärnan som är involverade i att uppleva och uttrycka tacksamhet, vilket ger ytterligare bevis för tanken att tacksamhet är en inneboende del av den mänskliga naturen. Vissa studier har till och med identifierat specifika gener, som kan ligga till grund för vår förmåga att uppleva tacksamhet.

På senare tid har man börjat utforska tacksamhetens evolutionära rötter och detta arbete tyder på att även spädbarn har något begrepp om tacksamhet, vilken utvecklas vartefter de blir äldre. Nya studier har visat att tacksamhet är förknippat med subjektivt välbefinnande[10], ökad motståndskraft mot trauma[11] och fördelar i sociala relationer[12]. Människor varierar i hur tacksamma de tenderar att vara, men de som är mer tacksamma visar tydligt förbättrat psykiskt välbefinnande[13]. Forskningsstudier om detta beskriver jag närmare i kapitlet *Varför ska man vara tacksam?*

Vad är en tacksam person?

Tacksamma personer uppfyller enligt litteraturen[14] fyra kriterier:

1) De upplever att de är nöjda med vad de har i livet.
2) De uppmärksammar och uppskattar andras bidrag till deras välmående.
3) De uppskattar de små sakerna i livet som finns tillgängliga för de flesta (till exempel naturen).
4) De inte bara uppskattar tacksamhet, utan de uttrycker den också.

Tacksamhet behöver odlas medvetet i våra liv och liksom alla färdigheter, måste den läras ut och praktiseras regelbundet, tills den blir en del av vår karaktär. En tacksam person är benägen att uppmärksamma andra människors goda handlingar och återgälda dem när möjligheter uppstår.

Den tacksamma personen tar inte bara saker för givet. Den känner sig inte självklart berättigad till de förmåner den har fått genom livet och tar inte åt sig all ära för allt den har lyckats med. En person som praktiserar tacksamhet, erkänner gärna de bidrag som andra har gjort till deras framgångar och försöker inte bara uttrycka sin tacksamhet för dem, utan också att ge något tillbaka.

Tacksamhet i historien

Religiösa traditioner som judendom, kristendom, islam, buddhism och hinduism uppmuntrar alla till att odla tacksamhet som en viktig moralisk dygd och genom historien, runt om i världen, har religiösa ledare och filosofer i alla tider hyllat tacksamheten. En del har liknat tacksamhet vid ett ”socialt kitt” som stärker relationer mellan vänner, familj och kärlekspartners och fungerar som ryggraden i det mänskliga samhället.

Förutom grundaren av Buddhismen; Siddhartha Gautama Buddha, som jag citerat tidigare, finns det en rad förespråkare av tacksamhet inom filosofins historia. Marcus Tullius Cicero, som levde ca 100 år före Kristus, var kanske den mest begåvade politikern under sin samtid och menade att tacksamhet inte bara är ”den största dygden”, utan det är också ”modern till alla andra återstående dygder.”

Lucius Annaeus Seneca, som verkade strax innan Jesus födelse, var en romersk författare, filosof och politiker som rankade otacksamma människor i samma kategori som ”tjuvar, våldtäktsmän och äktenskapsbrytare”.

”Var tacksam för det du har, för om du koncentrerar dig på det du inte har, kommer du aldrig någonsin att få nog.”

Oprah Winfrey

På 1700-talet skrev Adam Smith att tacksamhet var avgörande för att upprätthålla ett samhälle. Han var en brittisk nationalekonom och moralfilosof som brukar räknas till en av dem som lade grundstenarna för den moderna samhällsekonomin och kallas ibland liberalismens fader. Den samtida filosofen, historikern och nationalekonomen David Hume menade att ”Av alla brott som mänskliga varelser kan begå, är det mest fruktansvärda otacksamhet”. Hume anses vara en av de viktigaste gestalterna inom den västerländska filosofins historia och en av upplysningstidens mest betydelsefulla tänkare. Den tyske filosofen Immanuel Kant, som verkade på 1700-talet, menade att otacksamhet var ”Essansen av elakhet”. Omvänt kan man tolka detta som värdet av tacksamhet och att vara uppmärksam på det man får i livet. Cicero, Seneca, Kant och flera andra filosofer uttryckte redan då det som modern vetenskap nu visar;[15] att tacksamhet tar oss utanför vår personliga sfär, så att vi ser oss själva som en del av ett större nätverk av relationer, som är ömsesidiga.

Även om tacksamhet funnits lika länge som människan, är det först de senaste decennierna som psykologisk teori och forskning om tacksamhet börjat komma i kapp filosoferna och forskningen stöder deras tankar i många avseenden. Upplevelsen av tacksamhet hjälper oss att uppskatta det som är gott i våra liv och får oss att vilja ge detta vidare. Människor med större fallenhet för tacksamhet, rapporterar att de är lyckligare och mer nöjda.

Tacksamhet fungerar också som socialt kitt som vårdar nya vänskaper, berikar våra befintliga relationer och bildar själva grunden för det mänskliga samhället. Professor Robert Emmons beskriver också i boken *Gratitude Works!*[16], hur tacksamhet inte bara hjälper oss att må bra, det får oss också att vilja hjälpa andra i större utsträckning, då tacksamhet leder till ökad empati och förståelse.

Emmons forskning visar att när människor rapporterar att de känner sig mer tacksamma i sina dagliga liv, är de också mer kärleksfulla, entusiastiska, glada och förlåtande. Människor runtomkring dem uppfattar dem även som mer sociala, hjälpsamma, optimistiska och pålitliga.

Tacksamhet och evolution

Det faktumet att tacksamhet finns i alla kulturer, religioner och kan spåras tusentals år tillbaka, tyder på att det är en del av den mänskliga naturen. Forskarna tror att kulturer och religioner måste ha fungerat som en mekanism, som har hållit våra samhällen samman genom tiderna. Det verkar som tacksamhet har utvecklats för samarbetets skull och genom det förvandlat oss från självviska mottagare till givare.

I *The Science of Gratitude*[17] beskrivs hur tacksamhet har djupa rötter i vår evolutionära historia, våra hjärnor och DNA samt i barns utveckling. I studier har man kunnat se att så olika djur som fiskar, fåglar och apor, ägnar sig åt ”ömsesidig altruism”: beteenden som syftar till att hjälpa en annan medlem av deras art, även på bekostnad av dem själva. Man antar att djuret på någon instinktiv nivå inser att det andra djuret kan återbetala tjänsten vid ett senare tillfälle.

“Tacksamhet är hjärtats minne.”

Franskt ordspråk

För att bevisa tesen om tacksamhet bland djur, har forskare undersökt om och hur arter som får en gåva eller en tjänst, återgäldar den på något sätt mot sin givare, med utgångspunkt i att känslor av tacksamhet skapar en vilja att återgälda det vi fått.

För att undersöka om tacksamhet kan ha uppstått som en evolutionär anpassning, har Kristin Bonnie och Frans de Waal utfört en studie på apor, *Primate Social Reciprocity and the Origin of Gratitude.*[18] Studien visar att tacksamhet spelar en viktig roll i de invecklade ömsesidiga utbyten som håller schimpansernas primatsamhällen samman. Det råder ingen tvekan om att det mänskliga samhället inte skulle kunna fungera utan ömsesidighet. Men vi är inte unika i detta: samma komplexa ömsesidighet kan också observeras hos aporna. Forskarna antar därför att mekanismen att ge och ta hos människor, också finns hos primaterna. Detta innebär inte att djur visar tacksamhet på samma komplexitet och djup som människor gör, men att den grundläggande mekanismen även förekommer hos djur.

Det finns flera anekdoter om hur schimpanser visat tacksamhet mot människor. Ett exempel är vaktmästaren i en djurpark, som tog in aporna när det började regna och fick ta emot kramar som tack av djuren.

Det finns även studier som visar att schimpanser är mer benägna att dela mat och hjälpa en annan schimpans, som hade hjälpt dem tidigare. Studien *Reciprocity in primates*, visar apors vilja att återgälda en gåva.[19] I experimentet *Ape duos and trios: spontaneous cooperation with free partner choice in chimpanzees,*[20] behövde schimpanser hjälp från en annan schimpans för att hämta en bricka med mat. Man upptäckte att de i större utsträckning hjälpte en annan schimpans, om den tidigare hade hjälpt dem att hämta brickan.

Fallenhet för tacksamhet och hinder mot tacksamhet

Som tidigare nämnts har ett stort antal studier testat effekten av olika metoder, utformade för att öka tacksamheten. Några av metoderna går ut på att föra tacksamhetsdagbok eller att skriva tacksamhetsbrev till människor som man upplever har bidragit med något positivt till ens liv.

Dessa studier har hjälpt till att identifiera många av fördelarna med tacksamhet som beskrivits här. Men resultaten från dessa studier tyder också på att vissa människor har lättare än andra för att ta till sig och känna tacksamhet. Det viktigaste var förstås villigheten att utföra övningarna och slutföra dem och där såg man att personer som är mer nyfikna till sin natur, hade större fallenhet för detta. Man såg också karaktärsdrag som kunde vara ett hinder mot att uppleva tacksamhet. Några som nämns är avund, materialism, narcissism och cynism.

I en experimentell studie rapporterade deltagare som fick högre poäng på narcissistisk personlighetsinventering, att de kände mindre tacksamhet mot sina partners än människor utan framträdande narcissistiska drag. Man antar att personer som anser sig mer berättigade än andra till fördelar i livet, inte upplever tacksamhet när de får något. Dock kan tacksamhetsövningar påverka en materialistisk inställning i positiv riktning, som jag beskriver i kapitlet *Varför ska man var tacksam?*

Tacksamhet idag

Sammanfattningsvis visar forntida religiösa skrifter, evolutionsforskning och modern samhällsvetenskaplig forskning att tacksamhet är en viktig mänsklig egenskap med förmågan att göra livet bättre för både oss själva och andra. Ändå är tacksamhet inte självklart för oss, eftersom våra stenåldershjärnor är programmerade att fokusera på det negativa, för att skydda oss mot eventuella hot:

Rent evolutionärt har de människor som riktat in sig på att leta faror, varit de som överlevt och på så sätt har en negativ attityd hjälpt oss. Av samma skäl kan en negativ attityd vara en psykologisk försvarsmekanism, om vi vuxit upp i en dysfunktionell miljö, där vi ständigt behövt vara på vår vakt mot oförutsägbara händelser.

Idag forskas det mycket på tacksamhet i arbetslivet och hur tacksamhetspraktiserande inte bara kan leda till att personalen mår bättre, bli mer produktiva och vill stanna kvar längre på arbetsplatsen, studier visar också hur praktiserandet av tacksamhet kan öka företags lönsamhet, vilket jag kommer att redogöra för i kapitlet *Hur tacksamhet blir lönsamt.*

Varför ska man vara tacksam?

I detta kapitel redogör jag får några av resultaten som framkommit inom tacksamhetsforskningen från hela världen.

USA ligger i framkant när det gäller tacksamhetsforskning, kanske tack vare en lång historia av tacksamhetspraktiserande, inte minst genom högtiden Thanksgiving. Men det forskas om tacksamhet över hela världen. Det har till exempel undersökts hur man kan utveckla den amerikanska skalan för mätning av tacksamhet i Japan,[21] hur tacksamhet kan minska materialistiska värderingar på jobbet för att öka välbefinnandet i Chile,[22] om tacksamhet kan påverka arbete och familj hos kvinnlig arbetskraft i Indien,[23] samt hur tacksamhet kan flytta fokus ifrån katastrofer, efter jordbävningen i Nepal.[24]

Tacksamhet påverkar hjärnan

Att praktisera och uppleva tacksamhet påverkar i hög grad våra biologiska funktioner i hjärnan och effekten är långvarig.[25] Förutom att stärka vår självkärlek och empati, påverkar tacksamhet även fysiska funktioner, som hjärthälsa och psykologiska tillstånd som stress, ångest och depression. GK Chesterton har sagt att jakten på sann lycka är som odling: Vi kommer inte att få det önskade resultatet om vi inte ger fröna näring och vårdar plantorna ordentligt.

Detsamma gäller för tacksamhet: effekten kanske inte kommer omedelbart (även om den ofta gör det), men när den väl börjat komma, kan den påverka vår psykiska och fysiska hälsa under lång tid. När vi ger och tar emot tacksamhet, programmerar vi vår hjärna till att uppmärksamma det positiva i våra liv, vilket också skapar en större medvetenhet om nuet.

På den neurokemiska nivån fungerar tacksamhet som en katalysator för signalsubstanser som serotonin, dopamin och oxytocin – hormoner som får oss att må bra och som hanterar våra känslor och stressreaktioner. Forskare menar att praktiserande av tacksamhet påverkar hjärnans belöningscentrum och genom det påverkas även vår syn på omvärlden och oss själva, då tacksamhet förändrar de neurala strukturerna i hjärnan och får oss att känna oss lyckligare och mer nöjda.[26]

Att känna sig tacksam och uppskatta andra när de gör något bra för oss, reglerar även immunsystemets effektiva funktion, vilket medför att tacksamhet kan göra oss friskare.

Under de senaste två decennierna har studier konsekvent funnit att människor som är tacksamma, rapporterar färre symtom på sjukdom och depression, för att i stället uppleva mer optimism och lycka, starkare relationer och många andra fördelar som jag kommer att beskriva här. Vetenskapligt utformade metoder för att öka tacksamheten kan också uppmuntra människor att anta hälsosammare vanor.

När man har undersökt sambandet mellan tacksamhet och psykologiskt välbefinnande, har det framkommit att tacksamma människor i allmänhet är lyckligare, mer nöjda med sina liv och inte lika benägna att drabbas av utbrändhet. Robert Emmons har visat att tacksamhet påverkar förhållandet mellan mindre materialism och välbefinnande, framför allt hos ungdomar.

Ytterligare studier visar ett tydligt samband mellan tacksamhet och materialism, där tacksamma personer inte bara var mindre materialistiska[27], utan även upplevde mer positiva känslor. [28]

Dessutom har studier visat att tacksamhetspraktiserande, som att föra en tacksamhetsdagbok eller skriva ett tacksamhetsbrev, ökar människors positiva känslor gentemot andra och stärker därmed relationer, inklusive romantiska relationer.

Tacksamhet verkar också kunna bidra till utvecklingen av karaktärsdrag som tålamod, ödmjukhet, empati och visdom. Att praktisera tacksamhet inspirerar människor till att vara mer generösa, snälla och hjälpsamma, vilket kan förbättra klimatet på arbetsplatserna, som jag kommer att berätta mer om i kapitlet *Hur tacksamhet blir lönsamt.*

Brené Brown, professor på University of Houston Graduate College of Social Work, säger att sambandet mellan tacksamhet och lycka (på engelska användes ordet ”joy”) var ett av de viktigaste fynden hon gjort i sin forskning[29] och berättar att hon inte hade förväntat sig det tydliga sambandet. Under sina 12 års forskning på 11 000 data, har hon inte intervjuat en enda person som beskrev sig själv som lycklig (joyful), som inte aktivt praktiserade tacksamhet. Brené Brown summerade det i denna ofta citerade mening av David Steindl-Rast:

‘Det är inte lycka som gör oss tacksamma.

Det är tacksamhet som gör oss lyckliga.”

När du väl börjat uppmärksamma tacksamhet, kommer du att vara mer fokuserad på det och därmed uppleva ännu mer tacksamhet.[30] Gränserna för tacksamhetens hälsofördelar ligger egentligen bara i hur mycket du uppmärksammar känslan och övar tacksamhet, menar Glenn Fox, expert på tacksamhetsvetenskap vid USC Marshall School of Business. Han doktorerade i Neurovetenskap, där han fokuserat just på de neurala effekterna av tacksamhet, empati och neuroplasticitet – hjärnans förmåga att utvecklas och förändras.[31]

Tacksamhetens effekter på den fysiska hälsan

Tacksamhet förlänger livslängden

Tacksamhet har i studier visat sig förbättra människors övergripande välbefinnande. Ett exempel på detta är hur tacksamhet ger en optimistisk inställning, som i sin tur bekämpar de effekter som en pessimistisk syn på livet skapar.[32] Enligt en medicinsk studie som fokuserade på risken att utveckla hjärtsjukdomar och risk för dödsfall bland kvinnor, hade deltagare som fick höga poäng i optimism endast 9 procent risk att utveckla hjärtsjukdom. Optimistiska kvinnor hade också 14 procent lägre risk att dö i hjärtsjukdom jämfört med kvinnor som visade större utslag på cynism och negativ inställning.

Det finns även en studie som visar att människor som är generellt tacksamma, kan leva längre. Man fann nämligen att katolska nunnor som uttryckte tacksamhet, lycka och positiva känslor under sina tidigare år, levde i genomsnitt upp till tio år längre än sina kamrater som inte uttryckte tacksamhet. I studien *Positive Emotions in Early Life and Longevity: Findings from the Nun Study*[33] upptäckte Danner, Snowden och

Friesen ett signifikant förhållande mellan det positiva känslomässiga innehållet i handskrivna självbiografier av nunnorna (vid en genomsnittlig ålder av tjugotvå år) och risken för död senare i livet (åldrarna sjuttiofem till nittiofem år), där de som skrivit positiva saker i sina dagböcker alltså levde längre.

Tacksamhet minskar smärta

När Emmons och McCollough undersökte tacksamhetens inverkan på fysiskt välbefinnande, lät man en grupp skriva tacksamhetsdagbok under en tid. 16 procent av dem uppgav att deras smärta minskat och de var mer villiga att träna och vidta åtgärder för att förbättra sin hälsa. Vad man bland annat kom fram till, var att tacksamhetsövningar frisätter dopamin, som minskar upplevd smärta.[34]

Tacksamhet stärker hjärtat och minskar inflammation

Inom projektet *Expanding the Science and Practice of Gratitude*[35], ville man utforska hur tacksamhet kunde vara användbart för människor som har lidit av, eller är i riskzonen för, någon form av hjärtproblem. Man upptäckte att personer som upplevde en högre grad av tacksamhet rapporterade bättre sömn, mindre trötthet och lägre nivåer av cellulär inflammation.

En studie från 2015[36] med bland annat *Deepak Chopra* av *University of Californa, San Diego,* fann att patienter som skrev tacksamhetsdagbok i åtta veckor visade minskningar av nivåerna av flera inflammatoriska biomarkörer (mätbara indikatorer av ett biologiskt tillstånd) medan de skrev. Detta visade sig gälla för både högriskpatienter och de som nyligen hade upplevt en akut kranskärlsincident.

I en studie publicerad i *Psychosomatic Medicine 2016,* lät man patienter med kronisk hjärtsvikt skriva dagbok, där de skulle uttrycka vad de var tacksamma för. Även denna studie visade på minskad inflammation bland patienterna efter att de hade fört tacksamhetsdagbok.[37]

Bland patienter som haft hjärtinfarkt eller bröstsmärta fann man att patienter som hade högre nivåer av optimism och tacksamhet två veckor efter deras insjuknande, också rapporterade större förbättringar av känslomässigt välbefinnande sex månader senare[38].

En longitudinell studie kallad *Gratitude Research in Acute Coronary Events* (GRACE-studien) fann att högre nivåer av tacksamhet och optimism var associerade med biomarkörer som tyder på mindre inflammation och förbättrad blodkärlsfunktion två veckor, men inte sex månader, efter att patienter var inlagda på sjukhus för bröstsmärta eller hjärtinfarkt[39].

Projektet GRACE syftar till att avgöra om optimism och tacksamhet är förknippade med mer fysisk aktivitet och andra positiva resultat under de första sex månaderna efter en akut händelse.[40]

Patienter som praktiserade tacksamhet, visade mer parasympatisk hjärtfrekvensvariation – ett tecken på förbättrad hjärthälsa. Detta tyder på att en tacksamhetsdagbok kan vara ett bra komplement till den vård som ges till hjärtpatienter, även om större randomiserade kontrollstudier kommer att behövas för att avgöra om tacksamhetsdagbok och andra tacksamhetsaktiviteter kan leda till varaktiga fysiologiska och psykologiska förändringar hos hjärtpatienter.

I forskningen från *Massachusetts General Hospital av Dr. Jeffrey Huffman*[41] upptäcktes att positiva psykologiska tillstånd, som optimism och tacksamhet, ledde till förbättrad kardiovaskulär hälsa. Det man upptäckte var också att optimism och tacksamhet tydligt kunde kopplas till att patienterna i större utsträckning följde läkarnas medicinska rekommendationer efter behandlingen. Detta tyder på att tacksamhet kan hjälpa patienter att bättre återhämta sig från hjärtinfarkt och andra allvarliga hjärtproblem genom att de faktiskt följer sina läkares instruktioner[42].

Tacksamhet hjälper till att sänka högt blodtryck

Robert Emmons menar att tacksamhet är en bra form av medicin och hänvisar till de kliniska prövningar som visat att tacksamhet kan ge varaktiga positiva effekter på en persons hälsa. Emmons menar också att individer som har en tacksam attityd, tenderar att vara mer hälsomedvetna och att de i större utsträckning undviker att röka och dricka alkohol, vilket bidrar till att neutralisera blodtrycket hos patienter med högt blodtryck.

Tacksamhet hjälper till att hålla glukosnivåerna under kontroll hos diabetiker

Det finns även studier som visar på att tacksamhet kan lindra diabetes. I en studie fann man ett samband mellan känslor av tacksamhet och minskade nivåer av hemoglobin HbA1c i blodet. HbA1c är en biomarkör som är involverad i blodsockerkontroll och höga nivåer av HbA1c associeras framför allt med diabetes, men också kardiovaskulära sjukdomar och cancer i bukspottskörteln.[43]

En studie från 2017 visade att människor som medvetet valde att vara tacksamma dagligen, såg 9 till 13 procent lägre nivåer av A1c i blodet jämfört med kontrollgruppen.

Tacksamhet förändrar hjärnan

På grund av hjärnans inbyggda negativitetsbias är det lättare att bara fokusera på det negativa, eftersom dessa neurala vägar är de vi använt mest, i mänsklighetens historia, som jag berättat tidigare. Idag blir detta dock ett hinder för att vi ska kunna vara lyckliga.

Genom att praktisera tacksamhet kan vi börja skapa nya neurala kopplingar. Ju starkare tacksamheten blir, desto mer hoppfull blir man, och med det bättre rustad att hantera livets svårigheter.

Med hjälp av funktionell magnetisk resonansavbildning (fMRI) kan man se hjärnans aktivitet. Genom det har modern neurovetenskap kunnat observera hjärnaktiviteten när en person upplever tacksamhet[44]. Detta har bland annat gjorts i ett samarbete mellan *Harvard University och University of Oregon i USA*, där de upptäckte att hjärnans belöningscentra aktiveras av tacksamhet, vilket frisätter hormoner som ger oss lyckokänslor.

Många studier med fMRI har också visat att tacksamhet även aktiverar andra regioner i hjärnan, som involverar moraliskt resonemang, rättvisa, empati, ekonomiskt beslutsfattande samt förmågan att kunna ta till sig andras perspektiv. Du kanske har hört talas om frasen ”neurons that fire together, wire together” som neuropsykologen Donald Hebb myntade redan 1949. Det betyder ungefär: ”Neuroner som avfyras tillsammans vävs samman” och innebär att neuroner som ofta aktiveras tillsammans bildar starkare kopplingar, vilket förstärker vissa neurala vägar och gör tankar eller beteenden mer automatiska.

Neuroplasticitet – hjärnans förmåga att bilda nya neurala kopplingar – är det som gör att tacksamhetsträning fungerar. Genom att göra något upprepade gånger, lär vi hjärnan att tänka i nya banor, som efter en tid blir ett naturligt sätt att reagera. När det gäller tacksamhet, kommer vi efter en tids träning lättare hitta anledningar till att vara tacksamma, där vi tidigare inte upptäckte dem.

Tacksamhetens inverkan på vår hälsa och vårt välbefinnande börjar alltså i hjärnan. Studier har visat att de två huvudsakliga delarna i hjärnan som reglerar känslor, minne och kroppsfunktion: hippocampus och amygdala, aktiveras när vi känner tacksamhet. I ett experiment genomfört av forskare vid *University of Southern California*[45], mättes hjärnaktiviteten med hjälp av magnetkamera, när deltagarna upplevde tacksamhet.

De lät deltagarna försöka sätta sig in i situationen för människor som överlevt koncentrationslägren under andra världskriget. Dessa överlevare har berättat hur de känt en stark tacksamhet till främlingar som gett dem skydd, mat, kläder och på andra sätt hjälpt dem att överleva. När man mätte aktiviteten i hjärnan hos deltagarna i studien, fann man att deras upplevelse av tacksamhet gav utslag i den främre cingulate cortex och mediala prefrontala cortex, vilket styr bland annat vår uppfattning om moral, värderingar och förmågan att sätta sig in i andras känslor.

I en annan studie fann man att deltagare som hade skrivit tacksamhetsbrev i terapeutiskt syfte, uttryckte mer tacksamhet och hade mer aktivitet 3 månader senare i det främre limbiska systemet. Det limbiska systemet tillhör det centrala nervsystemet och kallas även för känslohjärnan, då nervkretsar som hanterar våra affekter och undermedvetna tankar finns här.

Det limbiska systemet har en viktig roll när det kommer till vår förmåga att uppleva och bearbeta känslor samt för inlärning, vår förmåga att forma minnen och för vår motivation. Detta tyder på att en enkel tacksamhetsövning kan ge varaktiga förändringar i hjärnan även flera månader efter att den avslutats. Vissa uttryck av tacksamhet – som att ge pengar till välgörenhet – visade mer aktivitet på områden i hjärnan som är associerade med att göra mentala beräkningar, (parietal och lateral prefrontal cortex) vilket tyder på att tacksamhet även är en kognitiv process.[46]

En signalsubstans som tydligt påverkades av tacksamhet är dopamin, som är involverat i vår motorik, vakenhet, glädje, entusiasm, uppmärksamhet och motivation. Brist på dopamin är även relaterat till en rad fysiska och psykiska sjukdomstillstånd. Förutom dopamin, frigörs även serotonin och oxytocin när vi skriver om, reflekterar över eller uttrycker tacksamhet.

Serotonin höjer humöret och påverkar bland annat sömn, vakenhet, aptit och sexuell lust. Oxytocin hjälper till att stärka relationer (utsöndras till exempel genom modersmjölken när barnet ammar) samtidigt som det hämmar stresshormonet kortisol. Oxytocin skapar lugn och ro och är involverat i sexualdriften i allmänhet och orgasmer i synnerhet.

Tacksamhet förbättrar sömnen

Tacksamhetsövningar hjälper till att reglera hypotalamus, den del i hjärnan som styr kroppsliga funktioner som sömn. Hypothalamus-reglering utlöst av tacksamhet, bidrog i en studie till djupare sömn varje natt utan mediciner och deltagarna vaknade upp utvilade och energiska.[47] I studien *Gratitude influences sleep through the mechanism of pre-sleep cognitions.*[48] från 2009 bekräftades detta med förbättrad sömnkvalitet och fler sömntimmar.

En annan studie av personer med neuromuskulär sjukdom fann att de som förde en daglig tacksamhetsdagbok i 21 dagar, rapporterade att de sov betydligt längre på natten och kände sig mer utvilade när de vaknade, än personer som endast fick fylla i dagliga rapporter, även om det inte fanns några skillnader mellan grupperna i andra fysiska symtom eller hälsobeteenden.[49]

I en större studie delades unga kvinnor in i grupper, där en grupp fick föra en tacksamhetsdagbok, en grupp skrev vanlig dagbok och en kontrollgrupp gjorde ingenting. Kvinnorna som förde en tacksamhetsdagbok i två veckor rapporterade en liten men signifikant förbättring av sömnkvalitet, jämfört med deltagarna i de andra två grupperna.[50]

Att odla tacksamhet under dagen ger också näring åt mer positiva tankar, som kan bidra till en mer fridfull sömn. Wood och hans kollegor på *University of Manchester i England* undersökte sambandet mellan tacksamhet och tankarna innan man somnar och hur dessa påverkar en persons sömn. I studien ingick 401 vuxna mellan 18 och 68 år. Bland deltagarna registrerades 40 procent ha kliniskt nedsatt sömn eller sömnstörningar, baserat på deras Pittsburgh Sleep Quality Index (PSQI) poäng.

Genom att använda ett tvärsnittsformulär upptäckte forskarna att tacksamhetsutövande bidrog till att minska negativa tankar, särskilt före sänggåendet, vilket gav mer utrymme för positiva tankar och reflektioner som bidrog till en bättre och längre oavbruten sömn[51]. Det är alltså avgörande för din sömnkvalitet, vad du gör strax innan du somnar.

Tacksamhet hjälper till att stärka immunförsvaret

Att öva tacksamhet förbättrar immunförsvaret, vilket minskar risken för att drabbas av sjukdomar[52]. Även den förbättrade sömnen kan bidra till ett stärkt immunförsvar, då detta riskerar att försvagas av sömnbrist.

Tacksamhet hjälper till att förhindra överätning

Susan Peirce Thompson, Ph.D., New York Times bästsäljande författare och *Professor of Brain & Cognitive Sciences*, berättar i TIMES magazine[53] att utövandet av tacksamhet kan förstärka individens viljestyrka att motstå överätning. Hon säger att vi bara har femton minuter av viljestyrka, innan vi ger efter för en frestelse. Men under de minuterna kan man fokusera på maten man har på tallriken och vara tacksam för den, i stället för att tänka på de rätter man längtar efter men som inte är tillgängliga. Genom att utnyttja tacksamhetens kraft, bygger hjärnan också motstånd mot att ge efter för lusten att överäta, säger Thompson[54].

Tacksamhet motiverar dig att träna mer

I en experimentell studie[55] från 2003 av *Emmons och Michael McCullough*, undersöks de psykologiska och fysiska effekterna av att öva tacksamhet. I denna studie uppmuntrades deltagarna att föra tacksamhetsdagbok som registrerade deras aktiviteter varje vecka. Baserat på dagböckerna, var de som uppvisade en mer tacksam attityd också de som engagerade sig mer i hälsosamma fysiska aktiviteter, som att träna. Det registrerades också i studien att ökningen av fysiska aktiviteter bidrog till att förbättra deltagarnas syn på livet som helhet[56].

Tacksamhet förbättrar smärttoleransen

Studier visar att den dagliga övningen av tacksamhet hjälper till att minska individens känslighet för smärta.[57] Enligt *Bruce F. Singer*, psykolog och grundare av *Chronic Pain and Recovery Center*, kan tacksamhetsövning inte helt eliminera kronisk smärta, men det kan vara ett effektivt smärthanteringsverktyg eftersom det hjälper till att flytta fokus från den fysiska smärtan, till mer positiva aspekter av livet. Det är liknande metoder som ACT – Acceptance and Commitment Therapy bygger på – den moderna terapimetoden som sägs vara en utveckling av KBT och som handlar om att inte försöka att ta bort det onda, utan att tillföra mer värde i livet.

Tacksamhetens effekter på den psykiska hälsan

I en känd studie av Robert A Emmons och Mike McCullough,[58] delades studenter in i tre grupper, där en grupp fick skriva ner i en mening fem saker som de var tacksamma för. En annan grupp fick skriva fem enkla saker som de hade problem med (till exempel att hitta barnvakt) och den sista gruppen fick skriva fem omständigheter som påverkade dem. Deltagarna skrev detta en gång per vecka under tio veckor och rapporterade samtidigt om sin psykiska och fysiska hälsa.

Tio veckor senare rapporterade gruppen som skrev tacksamhetsdagbok att de mådde bättre i livet som helhet och var mer optimistiska om framtiden än några av de andra kontrollgrupperna. De var 25 procent lyckligare än de andra deltagarna, hade färre hälsoproblem och spenderade 30 procent mer tid på fysisk aktivitet än de andra. En sådan enkel sak som att skriva ner vad man är tacksam för en gång per vecka, fick alltså dessa resultat.

I nästa studie genomförde de tacksamhetsövningar varje dag och deltagarna som fick skriva om tacksamhet, kände sig mer glada, entusiastiska, intresserade, uppmärksamma, energiska, entusiastiska, beslutsamma och starkare, än de som inte skrev om tacksamhet. De rapporterade också att de erbjöd andra mer känslomässig support och hjälp med sina personliga problem, vilket indikerar att tacksamhetsövningar ökar medkänsla och generositet.

I studien *The effects of gratitude expression on neural activity,*[59] där *Wong* och hans kollegor på *Indiana University i Bloomington* undersökte tacksamhetens effekt på hjärnan, rekryterades 300 vuxna studenter på ett Universitet, precis innan de började sin första session med terapi. De rapporterade kliniskt låga nivåer av psykisk hälsa vid den tidpunkten och majoriteten kämpade med problem relaterade till depression och ångest

Det är omöjligt att känna sig deprimerad och tacksam i samma stund."

Naomi Williams

Deltagarna delades in i tre grupper, där alla fick terapi, men deltagarna i den första gruppen skulle även skriva ett tacksamhetsbrev till en annan person en gång i veckan, under 3 veckor. Den andra gruppen skulle skriva ner sina negativa känslor och upplevelser och den tredje gruppen skulle inte skriva något alls, utan bara få terapi. Resultatet visade ett de som hade skrivit tacksamhetsbrev rapporterade betydligt bättre psykisk hälsa än de andra deltagarna i studien, 4 veckor efter att de slutat med skrivövningarna. Resultatet höll i sig även tolv veckor efter att de slutat skriva.

Detta visar att tacksamhetsutövande har effekt på människor som kämpar med psykisk ohälsa och inte bara de som har en naturlig fallenhet för tacksamhet och en positiv inställning till livet. Det intressanta var också att effekten var ännu större hos tacksamhetsgruppen 12 veckor efter att de avslutat studien än 4 veckor efter. Resultatet kom alltså inte omedelbart, utan ökade med tiden. Studien visade också att tacksamhetsträning tillsammans med terapi, gav bättre resultat än att bara få terapi, även om tacksamhetsövningarna är korta.

Författarna analyserade de ord som deltagarna använde i de olika skrivargrupperna och kunde genom det förstå vad som påverkade resultatet. De upptäckte att deltagarna i tacksamhetsgruppen använde fler positiva känslouttryck och färre negativa känslouttryck, än deltagarna i gruppen som skrev om sina negativa upplevelser. Men det var inte de positiva orden i sig som påverkade resultatet, utan att de som upplevde höga resultat av psykisk hälsa använde färre negativa känslouttryck.

Det var alltså frånvaron av negativa känslor och inte överflödet av positiva, som gav resultat. Man tror att tacksamhetsträning ger resultat eftersom det flyttar fokus från det negativa till det positiva: när man skriver om sin tacksamhet för människor och händelser i sitt liv, blir det svårt att samtidigt vara negativ.

Endast 23 procent skickade sina brev till personen de skrivit om, men de som inte skickade breven fick samma goda resultat som de som skickat. Detta visar att man inte måste uttrycka sin tacksamhet till andra för att uppleva fördelarna med den.

Som jag skrev tidigare kom de psykiska hälsofördelarna med tacksamhetsövningarna i studien inte omedelbart, utan ökade gradvis med tiden. Även om de olika grupperna i studien inte skiljde sig åt i psykiska hälsonivåer en vecka efter avslutade skrivaktiviteter, rapporterade individer i tacksamhetsgruppen bättre psykisk hälsa än de andra, 4 veckor efter skrivaktiviteterna och denna skillnad blev alltså ännu större 12 veckor efter skrivaktiviteterna. När man 3 månader efter brevskrivningen jämförde de som skrev tacksamhetsbrev med de som inte gjorde det, visade tacksamhetsbrevskrivarna större aktivering i den mediala prefrontala cortex när de upplevde tacksamhet i fMRI-skannern. Detta indikerar att uttryckandet av tacksamhet kan ha bestående effekter på hjärnan, vilket kan bidra till förbättrad psykisk hälsa över tid.

Denna forskning visar inte bara på att det kan vara till hjälp att skriva tacksamhetsbrev för personer som söker hjälp för psykiska besvär, utan förklarar också vad som ligger bakom tacksamhetens psykologiska fördelar. Författarna hoppas att deras forskning kan ge personal inom psykisk hälsa och deras patienter ett effektivt verktyg, helt utan biverkningar.

Om du står inför allvarliga psykologiska utmaningar och aldrig har skrivit ett tacksamhetsbrev tidigare, uppmuntrar författarna i studien dig att prova det och sammanfattar:

"Mycket av vår tid och energi går åt till att ägna oss åt saker vi för närvarande inte har. Tacksamhet vänder på våra prioriteringar för att hjälpa oss att uppskatta de människor och saker vi har".

Kini, Wong et al, 2016

Tacksamhet bidrar till att minska stress

Kronisk arbetsrelaterad stress är vanligt bland vårdpersonal, vilket kan ge negativa effekter på den personlig hälsan, personalomsättning och kvaliteten på vården som ges. I den kinesiska studien *Improving mental health in health care practitioners: randomized controlled trial of a gratitude intervention*[60] av *Cheng, Tsui och Lam på Hong Kong Institute of Education*, fick sjukvårdspersonal två gånger i veckan skriva ner saker som de var tacksamma för. Resultatet blev en tydlig minskning av upplevd stress och en förbättring av depression.

Kortisol är ett hormon som bidrar till upplevelsen av stress. I studien *The impact of a new emotional self-management program on stress, emotions, heart rate variability, DHEA and cortisol*[61] där deltagarna fick fokusera på positiva känslor och tacksamhet, upptäcktes att deltagare som kände sig tacksamma, visade en förbättrad hjärtfunktion och de var mer motståndskraftiga mot såväl negativa upplevelser som känslomässiga motgångar. Studien fann även en minskning av stresshormonet kortisol med 23 procent hos deltagarna. Flera studier[62] genom åren har visat att människor, genom att praktisera tacksamhet, kan hantera stress bättre. Genom att uppmärksamma och uppskatta de små sakerna i livet, kan vi träna hjärnan till att tänka i nya banor och på så vis omvärdera våra liv.

Tacksamhet kan skydda mot utbrändhet

Tacksamhet kan skydda mot olika former av utbrändhet. Studien *Does gratitude intervention make a difference among Chinese school teachers in Hong Kong?* bland lärare i Hong Kong visade att de lärare som upplevde stor tacksamhet, var mindre utbrända[63].

Tacksamhet stärker självförtroendet

En studie bland friidrottare, visade att deltagarna som fick mest tacksamhet från sina tränare också upplevde en ökning av självkänslan under de sex månader som studien genomfördes[64]. En annan studie visade att idrottare som upplevde tacksamhet för att utöva sin sport, rapporterade att de kände sig mindre utmattade[65].

Tacksamhet minskar ångest och depression

Tacksamhet minskar symtom på depression och ångest bland annat genom att stresshormonerna som hanterar det autonoma nervsystemets funktioner sjunker när man praktiserar tacksamhet. Som flera studier har visat, påverkar tacksamhetskänslor prefrontala cortex, som har kopplingar till hjärnans alla sinnessystem samt till amygdala och hypotalamus. Här sköts våra komplexa, exekutiva förmågor som impulskontroll, planering av rörelser och styrning av beteenden. Där styrs även förmågan att fatta beslut och att anpassa sig till olika sociala sammanhang, uppmärksamhet, omdöme, tidsuppfattning, reflektion, analys och problemlösande.

Bland patienter med kronisk smärta, rapporterades lägre depression, ångest och bättre sömn hos dem som hade högre grad av tacksamhet.[66] En longitudinell studie av patienter med de kroniska sjukdomarna artrit eller inflammatorisk tarmsjukdom, fann att patienter med en hög upplevelse av tacksamhet i början av studien också hade färre symtom på depression, även sex månader senare[67].

Tacksamhet minskar avund och svartsjuka

Att vara avundsjuk på någon som har något du inte har, kan leda till förbittring. Att öva tacksamhet kan hjälpa till att flytta fokus från andras ägodelar till vad du har, som du kan vara tacksam för.

Tacksamhet gör oss mindre materialistiska

Strävan efter materiella ting erbjuder oftast en omedelbar men kortsiktig tillfredsställelse, vilket leder till begär efter mer. När vi övar på tacksamhet ökar vårt fokus på andra saker i livet, som bidrar till det övergripande välbefinnandet. Det kan till exempel vara att uppnå personliga mål, främja hälsosamma relationer och upprätthålla en positiv syn på livet[68].

Tacksamhet kan lindra trauma och PTSD

Tacksamhetsutövande kan göra att negativa minnen får en positiv innebörd, genom att vi kan identifiera hur de påverkat våra liv i positiv riktning, kanske bara genom det faktumet att alla våra erfarenheter bidragit till att göra oss till de personer vi är idag[69].

En studie från 2006[70], publicerad i Behaviour Research and Therapy, fann att veteraner från Vietnamkriget som kunde känna tacksamhet, upplevde lägre nivåer av posttraumatisk stress, PTSD. Man fann förbättringar av emotionellt välbefinnande, vilket ledde till lägre nivåer av stress och depression och högre upplevelse av socialt stöd.

Tacksamhet förbättrar motståndskraften

Fler studier pekar på den roll tacksamhet spelar för att utveckla mer motståndskraft, (det ursprungliga ordet som används i studierna är ”resilience”) när man hanterar svåra och utmanande händelser i livet. Psykologer definierar motståndskraft som ett sätt att hitta mening, vad som än händer, att tro på din förmåga att skapa ett positivt resultat samt att vara bättre förberedd för de oundvikliga motgångar som uppstår i livet. Enligt en studie kan tacksamhet främja positiva resultat efter en traumatisk upplevelse, vilket sedan hjälper till att skapa motståndskraft mot de negativa effekterna av upplevelsen[71].

Tacksamhet bidrar till upplevelsen av lycka

Flera studier har bekräftat att upplevelsen av tacksamhet är förknippad med lycka (joy), som utlöses av en stark uppskattning för belöningar, vänlighet och andra positiva aspekter av livet. Att utöva tacksamhet genom att skriva tacksamhetsdagbok, har visat att långsiktig upplevelse av lycka kan förbättras med mer än 10 procent genom praktiserandet[72].

"Stress behöver inte styra våra liv när vi känner och uttrycker tacksamhet regelbundet. Det finns ingen del av välbefinnandet som är oberört av tacksamhet, vare sig det är fysiskt, mentalt eller socialt."

Robert Emmons

Tacksamhet mot missbruksproblematik

I den iranska studien *Effectiveness of gratitude on psychological well-being and quality of life among hospitalized substance abuse patients*,[73] bland inlagda patienter i ett behandlingsprogram för beroende, fann man ett tydligt samband mellan tacksamhet, livskvalitet och välbefinnande. Man konstaterade att tacksamhet förbättrade och ökade det psykologiska välbefinnandet hos deltagarna i studien, vilket bidrog till deras tillfrisknande från beroendet. Detta kunde tydligt fastställas, då man jämförde med en kontrollgrupp med inlagda beroendepatienter på samma sjukhus, som inte fick praktisera tacksamhet.

Tacksamhet kan minska risken för självmord

I den kinesiska studien *Gratitude and suicidal ideation and suicide attempts among Chinese Adolescents: Direct, mediated, and moderated effects*[74] bland över 1 200 tonåringar, mätte man sambandet mellan tacksamhet och självmordsförsök. Man konstaterade att risken för suicid minskade bland dem som kände mer tacksamhet.

I en amerikansk studie[75] med över 900 universitetsstudenter, kunde man fastslå att praktiserandet av tacksamhet minskar risken för suicid. Tacksamhetutövande var relaterat till mindre självmordsrisk, bland annat genom att deltagarna upplevde mer socialt stöd och mindre hopplöshet, depression och även minskat missbruk.

Slutsatsen var att kopplingen mellan tacksamhet och självmordsrisk verkar bygga på föreningen mellan tacksamhet och positivt humör. I en tredje amerikansk studie bland drygt 200 högskoleelever[76] kunde man konstatera att tacksamhetspraktiserande gav motståndskraft mot självmord genom att öka upplevelsen av meningen i livet.

Utifrån dessa goda resultat kanske det skulle vara en bra idé att införa tacksamhet på schemat i skolor, för att minska den ökande psykiska ohälsan bland unga idag.

Tacksamhetens sociala effekter

I en studie av *Michigan University* ombads deltagarna att skriva små meddelanden av tacksamhet till personer som betytt mycket i deras liv – till exempel lärare, partner eller vänner. Det fick inte bara vara ”tack”, utan de skulle skriva detaljerade förklaringar till varför de var tacksamma mot den andre. I slutet av studien rapporterade deltagarna att de upplevde mer känslor av tillfredsställelse efter att ha skrivit meddelandena.

Det intressanta med denna studie var att givarna av tacksamhet underskattade den positiva effekten deras ord fick och överskattade de negativa effekterna, till exempel att mottagarna skulle uppfatta budskapet av tacksamhet som konstigt på något sätt. Dessa negativa förväntningar kan medföra att människor drar sig för att uttrycka tacksamhet.[77]

Tacksamhet hjälper till att stärka romantiska relationer

De positiva känslor som tacksamhet ger, spelar en unik roll för att skapa en bättre relation mellan par. Enligt en studie av bland andra *Sara Algoe*,[78] upplevde mottagaren av tacksamhet att relationen med personen som uttryckte tacksamhet förbättrades. När par aktivt deltar i att uttrycka och ta emot tacksamhet, kommer kvaliteten på deras förhållande sannolikt att förbättras.

Att känna uppskattning från en partner eller att visa uppskattning och verbal tacksamhet till en partner, fungerar som positiva och skyddande faktorer för en tillfredsställande relation[79]. Det visade sig även att de som upplevde tacksamhet i en relation, ville arbeta hårdare för att få relationen att fungera.[80] Personer som regelbundet uttryckte tacksamhet till sin partner, rapporterade fler förbättringar i såväl deras personliga välbefinnande som i deras förhållande, än partners som endast berättade något personligt om sig själva för sin partner.

67 procent av männen säger att de uttrycker tacksamhet till sin partner varje dag, medan endast 59 procent av kvinnorna gör detsamma. 47 procent av kvinnorna önskar att deras partner eller make skulle uttrycka mer uppskattning till dem för vad de gör. Endast 32 procent av männen känner likadant.[81]

93 procent av kvinnorna är mest tacksamma för om deras partner lyssnar när de har ett problem. Att deras partner lyssnar på dem var nummer ett på tacksamhetslistan – till och med viktigare än att ha en partner som uttrycker kärlek och tillgivenhet, eller kommer ihåg ens födelsedag.[82]

Tacksamhet hjälper till att förbättra relationer med vänner

På samma sätt som tacksamhet fungerar för att förbättra kvaliteten på romantiska relationer, kan uttryck av tacksamhet till vänner göra underverk för att förbättra bandet mellan vänner och se varandra i ett mer positivt ljus. Att visa din uppskattning för dina vänner förstärker kommunikationen, vilket bidrar till att motverka missförstånd och konflikter.[83]

Tacksamhet minskar negativa symtom hos barn med sjuka föräldrar

Forskning tyder på att barn till sjuka föräldrar löper större risk för ångest och depression. Vissa barn kunde dock reagera på negativa omständigheter som kronisk sjukdom eller sorg, med att hitta fördelar, uppskattning av livet och större känslomässig styrka. Det visade sig att tacksamhetsutövande jämnade ut förhållandet mellan föräldrarnas hälsotillstånd och barns ångest och depression i högskoleåldern. Detta tyder på att tacksamhet kan ha fungerat som en buffert mot symtom på psykisk ohälsa hos barn i högskoleåldern som har sjuka föräldrar.[84]

Tacksamhet för ett hållbart arbetsliv

Flera studier tyder också på att tacksamhet kan hjälpa anställda att utföra sina jobb mer effektivt, känna sig mer nöjda på jobbet och agera mer hjälpsamt och respektfullt mot sina kollegor. De anställda som upplever tacksamhet, trivs även bättre på jobbet och presterar bättre, som jag beskriver längre fram i denna bok. De löper också mindre risk att bli utbrända.

De senaste åren har det forskats mycket kring tacksamhet och bland annat relationsmarknadsföring, där man använt tacksamhetens mekanismer för att bygga långsiktiga relationer med kunder och andra intressenter. Människor som upplever tacksamhetskänslor mot någon, känner ofta ett behov av att återgälda vad de fått, vilket bland kunder oftast visar sig i upprepade köp.

Undersökningen *Future Workplace HR*[85] fann att 68 procent av de högre cheferna, varav 40 procent var CHROs – HR-chefer, rankade medarbetarnas välbefinnande och mentala hälsa som högsta prioritet. En studie utförd av *Glassdoor*[86] visar att 53 procent av de anställda hävdar att de är villiga att stanna längre i ett företag om deras chef uppskattar dem mer. Samtidigt säger en annan undersökning[87] att 66 procent av de anställda är villiga att sluta sina jobb om de känner att de inte uppskattas och så många som 76 procent av Milennials skulle göra detsamma. Denna siffra har ökat med åren och med tanke på att den studien gjordes för några år sedan, är siffran troligtvis högre idag.

Tacksamhet ökar produktiviteten enligt Glassdoors undersökning: Fyra av fem anställda är motiverade att arbeta hårdare när de känner att deras arbete uppskattas av deras arbetsgivare. Samtidigt upplever närmare 40 procent av de anställda att de måste arbeta hårdare på grund av sina chefers krav, eller rädsla för att förlora sina jobb.

Tacksamhet hjälper dig fatta bättre ekonomiska beslut

En studie utförd av ett team av forskare från flera universitet, undersökte vad som leder individer att värdera långsiktig tillfredsställelse högre än omedelbara belöningar. Baserat på studien, är deltagare som uppvisade högre nivåer av tacksamhet över de små sakerna de har dagligen, mer benägna att vara tålmodiga och förnuftiga när det gäller att fatta ekonomiska beslut[88].

I de följande kapitlen: *Hur tacksamhet blir lönsamt* och *Hur gör man?* berättar jag mer om hur tacksamhetens positiva effekter på arbetsplatsen och hur du går till väga för att implementera tacksamhet på din arbetsplats.

När tacksamhet inte fungerar

Som jag nämnt tidigare, finns det personer som har svårare för att ta till sig tacksamhet. Det gäller särskilt dem med en narcissistisk personlighet och man tror att det beror på att de inte är lika villiga att se andras bidrag till sina framgångar. Men det finns även en andra faktorer som bidrar till om tacksamhet fungerar eller inte.

The Gratitude Gap

Trots allt vi vet om tacksamhet och trots att många upplever att de känner tacksamhet, är de sämre på att uttrycka den – fastän detta ökar effekten av tacksamhet. Detta kallas the Gratitude Gap. I Gratitude Survey[89] som utfördes 2012, utfördes över 2 000 intervjuer. Resultatet visade att det finns ett betydande tacksamhetsgap (i USA).

90 procent beskriver sig själva som tacksamma för sin familj och 87 procent är lika tacksamma för sina närmaste vänner. Men bara 52 procent av kvinnorna och 44 procent av männen uttrycker tacksamhet regelbundet. 90 procent säger att de är tacksamma för sin närmaste familj, men endast 49 procent uttrycker regelbundet tacksamhet till sina föräldrar och 76 procent till sina barn. 87 procent beskriver sig själva som tacksamma för sina närmaste vänner, men betydligt färre, 54 procent uttrycker sin tacksamhet mer än en gång i veckan.

Människor hävdar att de tänker på tacksamhet ofta, med 51 procent som säger att de tänker på vad de borde vara tacksamma för dagligen. Och ändå håller många tillbaka med att uttrycka tacksamhet, särskilt till dem som inte är deras närmaste. 49 procent uttrycker tack eller tacksamhet dagligen till sin make eller partner och 37 procent till sina barn. Men sedan sjunker siffrorna:

- 20 procent uttrycker tacksamhet dagligen till sina föräldrar
- 15 procent till sina nära vänner

- 10 procent till sina kollegor på jobbet
- 7 procent till sin chef eller arbetsgivare

Här ser vi också att människor är mindre benägna att uttrycka tacksamhet på jobbet än någon annanstans. 74 procent uttrycker aldrig eller sällan tacksamhet till sin chef. Men människor är angelägna om att ha en chef som uttrycker tacksamhet till dem. 70 procent anser att de skulle må bättre om deras chef var mer tacksam mot dem och 81 procent säger att de skulle arbeta hårdare.

94 procent av kvinnorna och 96 procent av männen är överens om att en tacksam chef är mer benägen att lyckas och endast 18 procent anser att en tacksam chef kan ses som svag. Därför är det dags nu att börja arbeta aktivt med tacksamhet på arbetsplatsen. I kapitlet *Hur tacksamhet blir lönsamt* berättar jag även om de ekonomiska fördelarna av att implementera tacksamhet på jobbet.

Framtida forskning kring tacksamhet i arbetslivet

Vill du fördjupa dig vidare i forskning kring tacksamhet kan jag rekommendera dig att läsa *Robert A Emmons, Michael McCullough och Sara Algoe*, som är några av de mest framträdande namnen inom modern tacksamhetsforskning.

Ryan Fehr, som jag tidigare nämnt, har också fokuserat på tacksamhet i arbetslivet. Han skriver i rapporten *Gratitude In the Workplace: Moving Toward New Frontiers*[90] att det finns mycket kvar att granska inom tacksamhetsforskningen. Genom denna rapport vill Fehr bidra till forskning inom organisationslitteratur. De har samlat verk inom tacksamhetsforskningen som visar hur tacksamhet manifesterar sig i organisationer och hur medarbetare uppfattar äktheten och effektiviteten av tacksamhetsuttryck. Jag hoppas att flera fångar upp den bollen och för forskningen om tacksamhet på arbetsplatsen vidare.

Hur tacksamhet blir lönsamt

Vinsterna med tacksamhet har blivit alltmer omtalade i näringslivet och affärstidningar som Forbes har publicerat en rad artiklar om ämnet. Att tacksamhet får människor att må bättre och stärker relationer är oomtvistat, men kan det även vara lönsamt för företagen? I detta kapitel redogör jag för studier som bevisar detta.

Men tacksamhet bidrar även till att stärka relationerna mellan företaget, investerare och andra intressenter. Dessutom smittar personalens tacksamhet av sig. När personalen mår bra kommer kunderna att känna det. Det sprider en positiv energi som drar till sig inte bara kunder, utan företaget blir även en attraktiv arbetsgivare för rätt kompetens, något som kan vara en utmaning för många företag i dagsläget.

"Så som du behandlar dina anställda, kommer de att behandla dina kunder. Människor blomstrar när de hyllas."

Richard Branson

Organisationer som praktiserar tacksamhet kan ha dubbelt så hög lönsamhet som andra inom samma fält och i genomsnitt 20 procent högre kundnöjdhet. Personalen mår också bättre, är mindre stressade och mer positiva till sitt arbete. De blir även mer hjälpsamma mot sina kollegor och förstående för sina chefer, berättar *Adrian Gostick* och *Chester Elton* i boken *Leading with Gratitude – Eight Leadership Practises for Extraorinary Business Results.*[91]

I mer än 20 år har de studerat och skrivit om företagskultur och ledarskap, samtidigt som de coachat tusentals ledare på stora, medelstora och små företag. I detta arbete har det utkristalliserat sig vad som haft störst betydelse för ledarskapet, något som var helt oväntat för dem.

> - När vi studerade de bästa teamen, de bästa ledarna, de bästa kulturerna, fanns det alltid en tråd av tacksamhet – alltid! säger Elton och fortsätter:
>
> - Och så blev det väldigt uppenbart att det inte bara är en trevlig egenskap att ha om du ska vara en bra ledare. Det är ett absolut måste, förklarar han i en intervju i SHRM Executive Network. [92]

Det amerikanska affärskonsultföretaget Deloitte skriver i sin rapport *Culture vs engagement* att företag som proaktivt arbetar med sin kultur visar en intäktstillväxt över en 10-årsperiod, som i genomsnitt är 516 procent högre än de företag som inte gör det.[93] I rapporten framgår det även att företag med mycket engagerad arbetskraft, överträffar likvärdiga företag med 147 procent i vinst per aktie.

Dr. Donald Sull, universitetslektor vid MIT Sloan School of Management, menar att kultur är en mycket stark prediktor för finansiella resultat på medellång till lång sikt och anser att en dålig kultur till och med kan förstöra ett företag och dess ekonomiska resultat.[94] *The Future Workplace* HR-undersökning visade att 68 procent av de högre cheferna rankade anställdas välbefinnande och psykisk hälsa som högsta prioritet.[95]

Uppskattning vs tacksamhet

I artikeln *How Gratitude Can Transform Your Workplace*[96], i *Greater Good Magazine* – vetenskapliga artiklar som ges ut av *Berkeley University*, beskrivs hur forskare definierar uppskattning som ”handlingen att erkänna godheten i livet” – med andra ord att se det positiva i händelser, upplevelser eller andra människor.

Tacksamhet går ett steg längre: Det erkänner hur de positiva sakerna i våra liv – som framgångar på jobbet – ofta beror på krafter utanför oss själva och särskilt andra människors ansträngningar. I arbetskulturer där alla bara fokuserar på sina egna framgångar, finns det inte så stor villighet att erkänna sitt beroende av medarbetarna och än mindre att uttrycka tacksamhet till dem, säger artikelförfattaren *Kira M Newman.*

Minska sjukskrivningar

Att som företag bidra till en bättre värld genom ett hållbart ledarskap, är alltså något som har visat sig gynna lönsamheten. Men det måste vara väl implementerat, som du kan läsa mer om i kapitlet *Hur gör man?* Många företag arbetar med hållbarhet, men det handlar inte längre bara om miljön; det innebär också att vara varsam med sin personal och få dem att må bra, så att de vill göra sitt bästa och stanna kvar på företaget. Idag pratas det mycket om cirkulär ekonomi och vi tänker då oftast på varor och produktion, men det gäller även personal; att undvika att människor blir långtidssjukskrivna eller sjukskrivna vid upprepade tillfällen. Detta är ett problem i dagens Sverige, där majoriteten av alla längre sjukskrivningar beror på psykisk ohälsa i allmänhet och stress och utmattning i synnerhet.

"Det djupaste begäret hos människan
är behovet att bli uppskattad."

William James

Det behöver inte handla om att arbetsgivaren kör sin personal in i kaklet – många högpresterande individer lyckas ta sig dit på egen hand, genom höga krav på sig själva eller brist på sund gränssättning. Men det som alla studier samstämmigt visar är den överlägset främsta riskfaktorn för personalomsättning, är brist på uppskattning och bekräftelse. Om du inte är uppmärksam på dessa varningssignaler, riskerar du att förlora din bästa personal.

De som är mest drabbade av sjukskrivning på grund av psykiska besvär, är i åldrarna 30-40 år. Den är i den åldern som många kämpar som mest för att få ihop livet med arbete, småbarn och amorteringar. Det är viktigt att ha detta med sig som arbetsgivare och se hur man kan underlätta situationen.

> - Om arbetsmiljön präglas av höga eller ökande krav som inte balanseras med tillräckliga resurser, exempelvis kontroll över den egna arbetssituationen och socialt stöd, eller erkännande och uppskattning, så ökar risken för stressrelaterad sjukskrivning kraftigt, säger Ulrik Lidwall, analytiker på Försäkringskassan.

Den allt vanligare diagnosen "utmattningssyndrom", som beror på långvarig negativ stress, innebär ofta sjukskrivningar i ett halvår eller mer.

Flera vetenskapliga studier tyder dock på att tacksamhet kan minska negativ stress och hjälpa anställda att känna sig mer nöjda på jobbet. Dels eftersom det personliga välbefinnandet ökar, men också för att personal som ofta får ett tack av sin chef upplever sig bekräftade.

Hur de finansiella resultaten påverkas av medarbetarnas upplevelse

I artikeln *Why Gratitude Is Important in Business*,[97] beskrivs hur en kultur av tacksamhet spelar en avgörande roll på arbetsplatsen, då det skapar en högre tillfredsställelse med arbetet. Dels känner sig de anställda mer tacksamma över sitt jobb i allmänhet, dels uppger de i intervjun att de kommer känna likadant om 6 månader. De fokuserar mer på vad de är tacksamma över på jobbet, än negativa saker som stör dem. Tacksamhet stärker inte bara relationerna mellan kollegor och mellan anställda och ledning, det förbättrar även relationerna mellan organisationen och dess kunder, samt stärker förtroendet från investerare och partners.[98]

Medarbetarengagemang

I *the HR Research Institutes* undersökning av medarbetarengagemang 2023,[99] fick de in svar av 275 HR-chefer på företag inom en rad olika branscher över hela världen. Organisationernas storlek varierade från färre än 100 anställda till över 20 000 anställda, där 20 procent av de svarande hade över 500 anställda. Ett nedslående resultat av undersökningen var att medarbetarengagemanget minskat efter pandemin. Medarbetarengagemang definieras huvudsakligen av anställdas villighet att göra sitt bästa på jobbet och deras känslomässiga engagemang (commitment) till organisationen och dess mål. 64 procent av organisationerna som deltog i undersökningen ansåg att medarbetarengagemanget påverkar företagets varumärke och 62 procent såg medarbetarengagemang som en prioritet i deras verksamheten.

Bristande talent management

Det huvudsakliga skälet som cheferna angav till medarbetarnas sviktande engagemang, var bristande talent management, alltså hur man som företag attraherar, utvecklar och behåller rätt medarbetare. En av rekommendationerna i rapporten för att öka medarbetarnas engagemang, var att visa medarbetarna personlig uppskattning, utifrån deras individuella behov. Något som även framkom i forskningen kring tacksamhetsuttryck och som jag kommer att berätta mer om.

Som beskrivits tidigare, kan företag med en mycket engagerad personal överträffa mindre engagerade företag med i genomsnitt 147 procent i vinst per aktie. Och tillväxten i vinst per aktie är nästan 4 gånger högre, jämfört med andra i deras bransch, enligt artikeln *How Employee Engagement Drives Growth* i *Gallup Business Journal*.[100]

En genomförd djupgående analys av 250 företag, visar att organisationer som investerar i medarbetarnas positiva upplevelser, är 4 gånger mer lönsamma än de som inte gör det. De genererar också 2 gånger mer intäkter i genomsnitt. De som investerade mest i medarbetarupplevelse, inkluderades 28 gånger så ofta bland *Fast Companys* mest innovativa företag, 11,5 gånger så ofta i *Glassdoors* bästa arbetsplatser, 2,1 gånger så ofta i *Forbes* lista över världens mest innovativa företag, 4,4 gånger så ofta i *LinkedIn's* lista över Nordamerikas mest efterfrågade arbetsgivare och dubbelt så ofta i American Customer Satisfaction Index, enligt *Harvard Business Review*.[101] *IBM/Globoforce*-analysen *The Financial Impact of a Positive Employee Experience*[102] som har mätt viktiga mänskliga arbetsplatsfaktorer – inklusive erkännande – fann att anställdas upplevelse direkt påverkar deras arbetsprestanda. Detta innebär kvantifierbara affärsfördelar:

- Företag som ligger i topp på skalan av medarbetarnas positiva upplevelser, är 25 procent mer framgångsrika än de i den nedre kvartilen.[103]
- Organisationer i de 25 översta procenten på medarbetarupplevelsen rapporterar dubbel avkastning på försäljning jämfört med organisationer i den nedre kvartilen.

Detta visar på vikten av medarbetarupplevelsen för att driva organisatorisk effektivitet och som en källa till varaktig konkurrensfördel.[104]

"Att visa uppskattning är den blinda fläcken nummer ett för de flesta ledare – och den största möjligheten att förbättra engagemang och prestationer"

Dale Carnegie Institute

Anställdas attityder påverkar resultatet

I världens största undersökning kring medarbetarengagemang, *The Relationship Between Engagement at Work and Organizational Outcomes*[105] sammanställde *Gallup* 456 forskningsstudier från 276 organisationer i 54 branscher, med anställda i 96 länder. Inom varje studie beräknade de statistiskt förhållandet mellan affärs- och arbetsenhetsnivå mellan anställdas engagemang och prestationsresultat som organisationerna levererade. Totalt studerades 112 312 affärs- och arbetsenheter som omfattade 2 708 538 anställda.

Denna metaanalys, upprepad över tid, har konsekvent funnit att det finns positiva samtidiga och prediktiva relationer (att man gör statistiska analyser av stora mängder data för att hitta mönster som sedan kan användas för att göra förutsägelser) mellan anställdas attityder och olika viktiga affärsresultat.

Medianprocentuella skillnader mellan enheter i toppkvartil och undre kvartil var:

- 10 procent i kundlojalitet/engagemang
- 23 procent i lönsamhet
- 18 procent i produktivitet (försäljning)
- 14 procent i produktivitet (produktionsregister och utvärderingar)
- 18 procent i omsättning för organisationer med hög omsättning (de med mer än 40procent årlig omsättning)
- 43 procent i omsättning för organisationer med låg omsättning (de med 40procent eller lägre årlig omsättning)
- 64 procent i säkerhetsincidenter (olyckor)
- 81 procent i frånvaro
- 28 procent minskning av stölder
- 58 procent i säkerhetsincidenter (dödlighet och fall)
- 41 procent i kvalitet (defekter)
- 66 procent i välbefinnande
- 13 procent i organisatoriskt deltagande

"Människor arbetar för pengar, men gör det lilla extra för erkännande, beröm och belöningar."

Dale Carnegie - legendarisk ledarskapsexpert och författare

En annan fördel med medarbetarengagemang i tider av osäkerhet är att högt engagemang gör anställda mindre benägna att aktivt leta efter nya jobb. Man kunde se att team med lågt engagemang hade en personalomsättning som var mellan 18 procent och 43 procent högre än mycket engagerade team.

Ökat engagemang leder till bättre ekonomisk återhämtning

Gallups undersökning har också visat att företag med engagerad arbetskraft, har högre vinst per aktie (EPS), och de verkar ha återhämtat sig från lågkonjunkturen 2008 i snabbare takt. I en äldre studie undersökte Gallup 49 börsnoterade företag med EPS-data tillgängliga från 2008-2012 och Q12-data tillgängliga från 2010 och/eller 2011 i sin databas. Denna studie visade att företag med fler engagerade medarbetare överträffade sina konkurrenter.

Forskare upptäckte att när ekonomin började återhämta sig efter 2009 kunde man se att företag med en engagerad arbetskraft, hade högre EPS och växte i snabbare takt än deras branschkollegor. De företag som bara hade genomsnittliga engagemangsnivåer såg ingen ökad fördel jämfört med sina konkurrenter i den ekonomiska återhämtningen.[106]

Tacksamhet inte samma sak som uppskattning

Mike Robbins,[107] författare och konsult inom företagskultur, med kunder som *Google, Microsoft, eBay, Airbnb* och *Harvard University*, förtydligar att tacksamhet inte är samma sak som uppskattning och pekar på en viktig skillnad: Det handlar om att se människor och deras värde, att skapa en miljö där människor känner sig värderade och uppskattade för vem de är, inte bara vad de gör.

Tidningen *HR Future* skriver i artikeln *Use gratitude to enhance employee engagement*[108] att fler och fler företag börjar inse vilken kraftfull inverkan som tacksamhet har för deras affärer. De menar att idag, när företagen slåss om de bästa talangerna och kämpar för att behålla dem, är det viktigare än någonsin att använda tacksamhet på arbetsplatsen.

Rapporten från *Workhuman Analytics and Research Institute* (WARI) 2019: *The Future of Work is Human*[109], visar att tacksamhet inte bara får anställda att känna sig mer uppskattade och inkluderade, det kan också förbättra arbetsplatskulturen och gynna företagets resultat.

En undersökning av *Berkeley University*[110] visar att:

- 93 procent av anställda håller med om att tacksamma chefer är mer benägna att lyckas.
- 88 procent av anställda säger att uttrycka tacksamhet till kollegor, får dem att känna sig lyckligare och mer uppfyllda.

I en studie från *Harvard University* och *Wharton*[111] ökade produktiviteten med mer än 50 procent när medarbetarna fick ett tack från en överordnad.

Tacksamhet minskar sjukfrånvaron

I studien *A Test of Two Positive Psychology Interventions to Increase Employee Well-Being*[112] som publicerades i *Journal of Business and Psychology*, lät man anställda logga in 3 gånger per vecka och svara på en fråga om hur tacksamma de kände sig. Författarna kunde konstatera att tacksamhetsövningar minskade sjukfrånvaron bland de anställda och ökade deras välbefinnande. Eftersom övningarna var korta, enkla och kunde utföras av deltagaren själv, finns det inga hinder för företag att använda sig av metoden framöver, konstaterar författarna.

Att utöva tacksamhet på jobbet, gör att de anställda känner sig mer tacksamma för sitt jobb och en tacksamhetskultur spelar en avgörande roll på arbetsplatsen, då den skapar högre arbetsglädje. Att öva tacksamhet på jobbet är inte bara relaterat till nuvarande arbetsglädje, utan tacksamma anställda räknar också med att vara mer nöjda med sina jobb om sex månader.

Tacksamhet och välmående på jobbet

Som jag beskrivit tidigare, kan medarbetarnas välmående på jobbet och upplevelse av bekräftelse påverka organisationers finansiella resultat. Här kommer jag att gå in lite djupare på resultat av tacksamhetsutövande på arbetet och resultaten på medarbetarnas välbefinnande. I artikeln *5 Ways to Show Gratitude in the Workplace & the Benefits That Come From It,*[113] beskriver *Workhuman* fördelarna med att införa tacksamhet på arbetet. De menar att dina anställdas psykiska och fysiska hälsa kommer att förbättras och att anställda kommer känna sig mer engagerade på arbetsplatsen. De blir också mer villiga att lägga mer ansträngning i det arbete de gör. Förutom att teamen blir mer effektiva, kommer konflikter att minska och samarbeten fungerar bättre, genom att de blir mer hjälpsamma mot varandra. Detta påverkar även dem som arbetar på distans. Man ser att personalen blir mindre stressade och produktiviteten ökar i hela företaget.

Tacksamhet stärker lojaliteten mot företaget

Tacksamheten stärker också lojaliteten mot företaget och minskar personalomsättningen. Tacksamhetsutövandet når ända ut till kunderna, bland annat genom att personalens effektivitet ökar.

Enligt författarna, riskerar de organisationer som inte visar tacksamhet att få oengagerade anställda som inte är nöjda med att vara på arbetsplatsen och detta kommer att påverka organisationens framgång negativt. De anställda kommer också att ta mer tid på sig att slutföra tilldelade uppgifter, vilket automatiskt leder till en minskning av produktiviteten. De anstränger sig mindre för att göra klart sitt arbete, eftersom de inte känner att det spelar någon roll.[114]

Anställda som inte känner sig uppskattade, upplever inte att de hör hemma på företaget och spenderar mer tid på att leta efter andra jobb. Det finns också risk för att anställda som inte känner sig sedda och bekräftade, brister i lojalitet mot företaget och i värsta fall kan de sälja företagets hemligheter. Över 30 procent av 40 000 tillfrågade anställda i USA, Storbritannien, Tyskland och Australien uppgav att de skulle sälja konfidentiella uppgifter om priset var rätt.[115]

Negativa arbetskulturer kostar 223 miljarder dollar

En undersökning från *Gallup* visade att 53 procent av amerikanska anställda inte är engagerade i sitt arbete eller sin arbetsplats och 13 procent är helt oengagerade. Studien *The Neuroscience and Positive Impact of Gratitude in the Workplace*[116] fann att kostnaden för negativa arbetskulturer var svindlande 223 miljarder dollar, enbart i personalomsättning.

Deras slutsats var att arbetsgivarna måste göra en aktiv insats för att förbättra arbetsmiljön och minska denna förlust. När du föregår med gott exempel och övar dig på att uttrycka tacksamhet på arbetsplatsen dagligen, kommer den positiviteten att börja spilla över på många sätt. Dina medarbetare kommer att känna sig värderade, fler kommer att vara mer positiva och energiska och du kommer att ha börjat skapa en kultur som sprider tacksamhet.

I artikeln *Building a Better Workplace Starts with Saying "Thanks"*, i *Harvard Business Review*,[117] berättar författarna om hur de i en studie prövat om det går att minska negativa kulturer och upprätthålla en positiv arbetsmiljö på arbetet, genom tacksamhetsövningar. De förklarar upphovet till studien:

> - När vi förlorar det positiva ur sikte och fokuserar på det negativa, är vi mer benägna att behandla våra kollegor dåligt genom att prata om dem bakom ryggen, förolämpa dem, ignorera eller exkludera dem.

De föreslår att man bildar tacksamhetsgrupper, där deltagarna deltar i sessioner för att diskutera, skriva om och öva på att uttrycka tacksamhet med rollspelaktiviteter. En annan övning handlar om att skriva ett tackbrev till någon kollega och sedan läsa upp det högt för den.

Tacksamhet minskar negativa kulturer

I studien ovan anlitade forskare närmare 150 volontärer som arbetar i olika branscher och positioner. Deltagarna ombads att föra en dagbok om sina arbetsdagar i två veckor. Varje deltagare tilldelades ett av två villkor. De som tilldelades tacksamhetsvillkoret blev tillsagda att skriva om saker som de var tacksamma för. De skrev om människor eller omständigheter som hade en positiv inverkan på deras arbetsdagar. Kontrollgruppen instruerades att bara registrera och skriva ner händelserna under sina dagar.

Efter att ha tittat på uppgifterna, fann forskarna att de som skrev daglig tacksamhetsdagbok upplevde en minskning av arbetsplatsens negativa kultur. En senare upprepning av studien gav liknande resultat. Författarna menar att ledare bör fungera som förebilder. För vissa kanske tacksamhet känns banalt, men om ledare inte deltar i att bygga en kultur av tacksamhet, kan anställda inte heller förväntas göra det. Ett sätt som ledare kan signalera sitt engagemang på, är genom att ta sig tid att ge varje anställd ett uppriktigt och personligt tack.

Om du känner dig orolig för hur lång tid det kommer ta att tacka all din personal, kan du tänka på *Campbells* VD *Douglas Conant*, som skickade mer än 30 000 handskrivna tackbrev till sina anställda. Han var övertygad om att breven förbättrade medarbetarnas moral och produktivitet. För att det ska ske en förändring av kulturen på organisationen, måste ledarna leva som de lär.

"Kultur äter strategi till frukost"

Peter Drucker

Chefer bör skapa utrymme för tacksamhet

Författarna berättar att många anställda kan känna sig ambivalenta när det gäller att uttrycka tacksamhet eller uppskattning offentligt och därför bör man inte tvinga fram det. I stället bör chefer skapa (fysiskt eller virtuellt) utrymme och tid för tacksamhet. Till exempel kan chefer göra en uppskattningsvägg eller en digital kanal för anställda att tacka andra och ge offentligt beröm.

Chefer kan också starta möten med tacksamhets ”incheckningar”, under vilka teammedlemmar kan uttrycka en sak de är tacksamma för. När anställda sätter upp lappar på väggen eller deltar i incheckningar, skapar de sociala bevis som uppmuntrar deras ambivalenta kollegor att göra detsamma.

Samlade in 171 procent mer pengar med tacksamhet

Chefer är inte de enda som kan främja en kultur av tacksamhet. Du kan involvera kunder, klienter, patienter eller andra intressenter som påverkas positivt av dina anställdas arbete. I *A Little Thanks Goes a Long Way: Explaining Why Gratitude Expressions Motivate Prosocial Behavior*[118] genomförde *Adam Grant* och hans kollegor en studie bland anställda som ansvarar för att få in donationer.

En grupp anställda fick träffa en av förmånstagarna för deras arbete, som tackade dem och beskrev hur uppskattad deras insats var. En månad senare spenderade dessa anställda 142 procent mer tid på att ringa och samlade in 171 procent mer pengar än de som inte träffade förmånstagaren. Författarna föreslår därför att organisationer bör hålla evenemang där anställda kan träffa människor som påverkas positivt av deras arbete: kunder, patienter, studenter och andra. Sammanfattningen är att chefer bör betona vikten av att uttrycka tack och uppskattning på jobbet. Att odla en kultur av tacksamhet kommer inte bara att öka medarbetarnas välbefinnande och prestanda. Enligt deras forskning kommer det också att hjälpa till att stoppa negativa kulturer på arbetsplatsen.

Bekräftelse ökar produktiviteten

I ett berömt experiment vid *MIT*[119] gav beteendeekonomen *Dan Ariely* deltagarna uppgifter som de skulle lösa med LEGO, för att bevisa att människor är mer produktiva när de upplevde sina ansträngningar som meningsfulla. Personerna som upplevde det, var nästan 50 procent mer produktiva än de som inte gjorde det. Studien visar att meningsfullhet driver engagemang och engagemang driver produktivitet.

Under årens lopp har *Society for Human Resource Management* (SHRM) nått samma slutsats: bland företag som investerar 1-2 procent av lönekostnaderna i bekräftelseprogram, har 85 procent sett en positiv inverkan på anställdas engagemang och 59 procent har sett starkare ekonomiska resultat.

Det amerikanska företaget *Nectar*, som arbetar med bekräftelseprogram, har gjort en undersökning[120] bland 800 anställda 2023 och resultaten visade att:

- 83,6 procent av de anställda känner att bekräftelse påverkar deras motivation att lyckas på jobbet
- 77,9 procent av de anställda skulle vara mer produktiva om de fick bekräftelse oftare.
- 81,9 procent av de anställda håller med om att bekräftelse för deras bidrag förbättrar deras engagemang.
- Men endast 52,6 procent av de undersökta anställda hade program för bekräftelse på sitt företag.

Veckovis eller månatlig bekräftelse hade den bästa inverkan på anställdas positiva upplevelse och att få bekräftelse av chefer hade störst inverkan på anställda.

Varför tacksamhet är mer effektivt än bekräftelse

Amerikanska arbetsgivare investerar mer än 46 miljarder dollar på bekräftelseprogram varje år, men det finns utrymme för förbättringar. De organisationer som inte klarar av denna utmaning riskerar att viktiga medarbetare går till ett annat företag. Som jag nämnt tidigare är det just brist på uppskattning som är den främsta anledningen till att människor inte trivs på jobbet och slutar sina anställningar.

Att uppskatta sina medarbetare är ett viktigt steg framåt, men enbart bekräftelse räcker inte för att få människor att känna sig uppskattade. Det krävs något mer. Enligt *Ryan Fehr*, PhD i Organisationspsykologi och professor på *University of Washington's Foster School of Business*, är det tacksamhet som krävs, som han berättar i sin föreläsning *Three Research-Backed Tips for a Grateful Workplace.*[121]

"Folk kommer inte ihåg vad du sa, men de kommer alltid att komma ihåg vad du fick dem att känna"

Maya Angelou

När vi praktiserar tacksamhet på jobbet, kommer även gamla minnen av tacksamhet att aktiveras och kopplas till arbetsplatsen, vilket bidrar till att det blir en positiv upplevelse att gå till jobbet, menar Fehr. Han uppmanar till att skapa rutiner för tacksamhet, så att detta blir en vana på arbetsplatsen och förklarar att vi behöver hitta källor till tacksamhet, som till exempel kan vara uppskattningsprogram. Framför allt understryker han vikten av att uppmuntra anställda till att uttrycka tacksamhet till varandra. Som forskning visat, berättar Fehr att det inte bara är när vi får något, som vi upplever tacksamhet. De flesta upplever stark tacksamhet när de kan bidra med något själva, då detta förstärker känslan av meningsfullhet.

Att uttrycka tacksamhet hjälper dig att bygga ett imperium.

Dr. Malachi Thompson har tillbringat mer än ett decennium med att leda och utveckla militära team och är grundaren av *Champion Leaders*, där han lär ut beprövade strategier för att utveckla högpresterande affärsteam. Malachi säger i *Entrepreneur*:[122]

- Att uttrycka tacksamhet hjälper dig att bygga ett imperium.

Malachi menar att om du vill att anställda ska prestera utöver det som står i deras avtal, måste det finnas på agendan att uttrycka autentisk tacksamhet. Enligt Malachi är tacksamhet det som utmärker stjärnspelare i näringslivet, och det finns mycket forskning som styrker hur tacksamhetsuttryck ökar produktiviteten och arbetsglädjen, minskar stressen och frånvaron.

- Att veta hur man visar tacksamhet, utöver att bara säga ”tack”, kommer inte bara att stärka ditt ledarskaps inflytande för att skapa ett framgångsrikt imperium, utan det kommer att ge dig ett arv av tillfredsställande och lönsamma relationer – känslomässiga, mentala och ekonomiska – som kommer att hålla din livstid, säger Malachi.

Tacksamhet står för 25 procent av arbetstillfredsställelsen

Studien *A Test of Two Positive Psychology Interventions to Increase Employee Well-Being*[123] undersöker om självstyrda tacksamhetsövningar kan få anställda att må bättre på jobbet. Resultatet visar tydligt att tacksamhetsutövande förbättrar medarbetarnas välbefinnande. Eftersom övningarna är korta, enkla och självstyrda finns det inte mycket som står i vägen när det gäller kostnader eller nackdelar för organisationer att använda dem. Författarna anser att denna typ av insatser är en användbar komponent när det gäller att förbättra hälsan på arbetsplatsen.

Psykologen och forskaren *Lea Waters* PhD, menar att mycket tid och ansträngning investeras av ledare för att skapa en framgångsrik affärsstrategi, men det är svårare för dem att forma kulturen - trots att kulturen har en enorm inverkan på medarbetarnas lycka och affärsresultat. Hon citerar ledarskapsgurun Peter Druckers berömda uttalande: ”Kultur äter strategi till frukost” och berättar att hennes publicerade forskning har visat att tacksamhet står för nära 25 procent av arbetstillfredsställelsen och är kopplad till högre nivåer av hopp och optimism, bättre arbetsrelationer, större engagemang för företagets uppdrag och strategiska inriktning.[124]

Tacksamhet i svåra tider

Forskning inom psykologi har visat att vi ger mer uppmärksamhet till problem och uppfattade hot, än de positiva sakerna som händer omkring oss. I svåra tider är det därför viktigare än någonsin att hålla uppe människors motivation och optimism.

Robert Emmons menar att i motgångar har tacksamhet kraften att ge energi och hopp. Det kan vara lätt att tro att man ska visa tacksamhet när man tagit sig igenom krisen och problemen är lösta, men framgångsrika ledare vet att hjälpa människor igenom kriser genom att få dem att känna tacksamhet. I en intervju i *SHRM Executive Network*[125] berättar *Chester Elton* att anledningen till att många chefer inte arbetar mer med tacksamhet, är för att de tror det innebär mer arbete för dem. Han säger:

> - Och vet du vad? Det gör det. Och varför då göra det? För det är värt det. Eftersom du behåller dina bästa människor. Du kommer att locka fantastiska människor till din organisation och de kommer att anstränga sig för dig.

Tacksamhet kan främja organisatorisk motståndskraft

I den italienska studien *Gratitude at Work Works!*[126] Skriver författarna att företag borde använda sig mer av tacksamhet, särskilt i dåliga tider. De menar att den strategiska rollen av tacksamhet i Human Resource Management är uppenbar, då tacksamhet har en direkt effekt på förbättrat organisationsklimat och bidrar till att förbättra individuellt välbefinnande och minska negativa känslor på arbetsplatsen, som till exempel avund.

Det är också en nyckel till att främja arbetstagarnas effektivitet och produktivitet och för att förbättra organisationens prestanda, när det gäller strategisk hantering av humankapital, skriver författarna.

Det verkar också som att kollektiv tacksamhet kan främja organisatorisk motståndskraft mot olika utmaningar som kan uppstå i organisationen och anställda kan komma att se en direkt koppling mellan organisationen och deras personliga växt på arbetsplatsen. Motståndskraften är direkt kopplad till medarbetarnas delade tacksamhet för utvecklingsmöjligheter och personlig växt. Det handlar också om förtroendet för organisationens HR-system. Författarna menar att studien visar att tacksamhetsutövande på arbetsplatsen ökar både arbetstillfredsställelse och arbetsprestanda.

Tacksamhet minskar personalomsättningen

Tacksamma anställda tenderar att fokusera mer på de saker de uppskattar på jobbet, snarare än de faktorer som irriterar dem och flera undersökningar visar vikten av att uppskatta och bekräfta sin personal:

- Företag som låg i topp på kulturer där man uppskattar sin personal, uppnådde 31 procent lägre frivillig personalomsättning.[127]
- 69 procent av de anställda sa att mer uppskattning skulle motivera dem att stanna kvar på sitt nuvarande jobb.
- De som inte kände sig uppskattade för sina ansträngningar var dubbelt så benägna att säga att de planerade att sluta under det kommande året.[128]
- 53 procent uttryckte att de skulle stanna längre om de kände mer uppskattning från sin chef.[129]
- 68 procent sa att deras chef inte visade dem tillräckligt med uppskattning.

John Templeton Foundation's omfattande undersökning med över 2000 intervjuer[130] bekräftar detta. Faktum är att 81 procent av de svarande var överens om att tacksamhet får dem att arbeta hårdare. När det handlar om att uttrycka tacksamhet till andra, höll 88 procent med om att de känner sig lyckligare och mer tillfredsställda när de uttryckte tacksamhet till andra på jobbet. Men med tanke på att bara 10 procent var villiga att göra detta regelbundet, är det 90 procent som skulle kunna bidra till en mer positiv arbetsmiljö. Vad ligger bakom detta beteende? 35 procent av de svarande i studien var oroliga för att kollegor skulle uppfatta dem som "svaga" och försöka dra nytta av dem, om de uttryckte tacksamhet på jobbet.

Professor *Ryan Fehr* menar att vi tenderar att tänka på organisationer som transaktionsplatser där du ska vara "professionell".[131] Fehr tror att en del kanske tycker att det är oprofessionellt att ta med saker som förlåtelse, tacksamhet eller medkänsla till arbetsplatsen, men många studier tyder på att tacksamhet och uppskattning bidrar till den typ av arbetsmiljöer där anställda faktiskt vill komma till jobbet och inte känner sig som kuggar i en maskin, säger Fehr.

Varför tacksamhet fungerar i näringslivet

Kira M Newman skriver på *Berkeley University's sida Greater Good*, att det framför allt finns två saker som ger tacksamhet en sådan enorm och transformativ kraft i näringslivet: relationer och bekräftelse. Alla affärer handlar om relationer och att det viktigaste i varje företag är engagemanget för produkten eller tjänsten. Newman menar att när vår moderna affärsmodell skiftar från transaktionell till relationell, framträder tacksamhet och uppskattning inte bara som livskunskaper utan som nödvändiga affärsfärdigheter.[132]

Som forskningen visar, blomstrar relationer när människor känner sig hörda och uppskattade, vilket gäller i livet i allmänhet, men även i affärslivet och särskilt när vi byter de äldre, transaktionscentrerade definitionerna av framgång mot något djupare och mer långvarigt, säger Newman och förklarar:

- Om du vill göra en försäljning kan det räcka att ge människor en utmärkt produkt eller tjänst. Men om du vill skapa en varaktig relation som banar väg för upprepade affärer, med lojala kunder som kommer att prata gott om din verksamhet till sin familj, vänner och omvärlden på sociala medier, behöver du tala om för dem att de betyder något för dig.

Newman sammanfattar det som att tacksamhet verkar bilda en positiv loop på arbetsplatsen: Tacksamhetsutövande leder till ett altruistiskt beteende och människor som känner tacksamhet är även mer benägna att hjälpa andra.

”Affärer är enkla. Ledningens jobb är att ta hand om medarbetarna. Medarbetarnas jobb är att ta hand om kunderna. Nöjda kunder tar hand om aktieägarna. Det är en god cirkel.”

John Mackey Grundare och VD Whole Foods Market

Jonathan H. Westover, Ph.D skriver i artikeln *The Benefits Of Showing Gratitude In The Workplace* på *Forbes,*[133] att alla vill känna sig värderade och uppskattade och att det är ett av de djupaste och mest grundläggande mänskliga behoven. Han berättar att omfattande forskning visar tydligt både affärsmässiga och mänskliga fördelar med att visa tacksamhet på arbetsplatsen och att ledare måste erkänna och prioritera sina personliga ansträngningar för att konsekvent visa uppriktig uppskattning och tacksamhet mot sina medarbetare. De behöver även främja en tacksamhetskultur i hela organisationen, där alla anställda känner ansvar för att erkänna varandra för det goda arbete som utförs.

Tacksamhet och relationsmarknadsföring

Kundretention - att få kunder att återkomma, kostar bara hälften av den initiala investeringen. Att lyssna på människor och visa tacksamhet för deras aktivitet i organisationen, kan påverka ditt resultat positivt, visar studien *Gratitude in Relationship Marketing: Theoretical Development and Directions for Future Research*, författad av forskare inom marknadsföring från fyra olika universitet i USA.[134]

I studien kommer de fram till att tacksamhet är en grundläggande ingrediens i relationen mellan köpare och säljare och är avgörande för att relationsmarknadsföring ska fungera. Författarnas slutsats är att tacksamhet bör utövas av alla som försöker bygga, utveckla och förbättra relationer mellan köpare och säljare.

Studien är den första som tar upp vikten av tacksamhet till både köpare och säljare på B2B- och B2C-marknaderna för varor och tjänster. Det är också den första som dokumenterar tacksamhetens förändrade roll genom relationsstadier.

Studien visar att personer som upplever tacksamhet, återgäldar en tjänst även när det är kostsamt för dem att göra det. Tacksamhet bygger förtroende och hjälper till att utveckla långsiktiga relationer. Det ökar också sannolikheten för framtida interaktioner.

Ett intressant resultat är att det är tacksamhet och inte lycka (joy), som skapar återköpsintention och positivt word-of-mouth. Känslan av tacksamhet har potential att uppmuntra framtida ekonomiska utbyten och skapa positiva relationella resultat.

Det finns empiriskt stöd för att tacksamhet inte bara skapar, utan till och med är en förutsättning för förtroende på B2B-marknader. Tacksamhet leder till förtroende och förtroende leder till engagemang. I alla relationssammanhang (detaljhandel, tjänster, varumärkesbyggande och B2B) visar studien *The Role of Customer Gratitude in Relationship Marketing*[135] att tacksamhet är nödvändig för relationsbildning med kunder.

Alla deltagare i studien ansåg att det är absolut nödvändigt att känna tacksamhet i kommersiella relationer, särskilt när motivationen är att utveckla relationer under en lång tid. När du visar dina kunder tacksamhet, återgäldar de oftast den genom ett återköp eller att de pratar väl om dig och kanske till och med delar sin tacksamhet på sociala medier.

> *"Tacksamhet kommer inte bara att stärka ditt ledarskaps inflytande för att skapa ett framgångsrikt imperium, det kommer att ge dig ett arv av tillfredsställande och lönsamma relationer, som kommer att hålla din livstid."*
>
> *Dr. Malachi Thompson*

Det som uppskattades mest, var när företaget ansträngde sig extra för kunden och kunden förstod det. Att få ett generaliserat tack, riktat till alla kunder, gav inte samma effekt som ett personlig riktat tack. Tacksamhet har också störst betydelse i början av en relation. Efter att relationen har etablerats, övergår tacksamheten i förtroende, men relationen kan ständigt stärkas genom tacksamhet. Tacksamhet verkade vara viktigare för B2C (företag till konsument), kanske för att tacksamhet inte förväntas lika mycket i B2B-relationer (företag till företag).

Brist på tacksamhet kan ge skadliga effekter

Författarna menar att det viktigaste skälet till att företag och organisationer borde lära sig mer om tacksamhet i relationsmarknadsföring, är för att veta hur man undviker att kunderna upplever otacksamhet, eftersom det kan få skadliga konsekvenser som inte går att reparera. Sammanfattningsvis är tacksamhet en grundläggande komponent i köpare-säljarrelationer, som har potential att förbättra befintliga relationer och motivera framtida.

Det man kan se är att människor vill engagera sig mer i framtida transaktioner, när de känner tacksamhet mot utbytespartnern och uttryck för tacksamhet tenderar att knyta människor samman. Tacksamhet kan även initiera nya relationer, då mottagaren känner tacksamhet för den andres handling och förtroende byggs genom detta. Studier visar tydligt att tacksamhet påverkar konsumentbeteendet positivt genom bland annat ökad betalningsvilja. Tacksamhet uppmuntrar även framtida ekonomiska utbyten som återköp.[136]

Varför Management by fear är helt fel ute

Chester Elton berättar att han och *Adrian Gostick* i en undersökning frågade ledare: ”Ligger du över genomsnittet när det gäller att uttrycka tacksamhet?” 70 procent svarade ja, men när de ställde frågan till de anställda, svarade endast 23 procent ja. När de frågade ledarna: ”Leder du genom att sprida rädsla”? (Do you manage by fear?) sa majoriteten nej, men när de sedan frågade deras anställda, svarade de: ”Ja, det gör de.”[137] Gostick och Elton beskriver olika sätt som rädsla kan sprida sig i företaget: chefen kan till exempel uppleva sig hotad av framgångsrika medarbetare och känna ett behov av att sätta dem på plats. Typiska uttryck för management by fear är enligt författarna: ”Om vi inte når våra mål nästa månad, vet jag inte om jag kan försvara er längre”, eller ”Det finns en lång lista av folk som skulle älska att ha ditt jobb” med den underliggande inställningen att ”rädsla kommer med lönekuvertet” eller ”vad som inte dödar dig gör dig starkare”.

"Människor lämnar chefer, inte företag."

Marcus Buckingham

En viss stressnivå i en organisation är visserligen oundviklig, men vi vet också att långa perioder av stress kan leda till utmattning och sjukdomar, då stress är en biologisk reaktion på rädsla. Pågår detta under en längre tid, riskerar sjukskrivningar och självvalda uppsägningar att bli en konsekvens.

En undersökning av *Glassdoor* visade att 81 procent av de tillfrågade anställda, var motiverade att arbeta hårdare när deras chef visade dem uppskattning, medan endast 38 procent ville arbeta hårdare när deras chef var krävande och bara 37 procent sa att de ansträngde sig mer om de riskerade att förlora sitt jobb. Rädsla påverkar även kvaliteten på arbetet och håller nere såväl motivation som innovation. Studier visar att stress och rädsla aktiverar psykologiska mekanismer i kroppen som får oss att prestera sämre.[138] Gostick och Elton menar att Machiavelli's gamla citat: ”Bättre fruktad än älskad” har påverkat chefer under en lång tid, men att det är dags att avliva den myten nu.

Som *Best Buy's* tidigare CEO berättar i kapitlet *Goda exempel från näringslivet,* sprids ledarens attityd i företaget och bildar en kultur. Är du som chef passivt aggressiv, kommer det att vara sättet dina anställda agerar på mot varandra, men troligen även mot kunderna. Men motsatsen gäller också: Är du vänlig och tacksam mot dina medarbetare, kommer detta förhållningssätt att mångfaldigas i din personalstyrka och även nå ut till era kunder.

Tacksamhet ökar passion och drivkraft

Våra hjärnor ser arbetsplatsen som ett socialt system. Ett upplevt hot kommer att skapa reaktioner som rädsla, ångest och osäkerhet. Till exempel kommer en anställd som detaljstyrs av sin chef uppleva att självbestämmandet äventyras. Den negativa känslomässiga reaktionen kommer att öka stressnivåerna och minska den mentala prestationsförmågan.

Ett annat exempel är omorganisationer i företaget, som kan leda till att personal upplever sin trygghet hotad, vilket kan få starka emotionella konsekvenser. Om man även upplever daglig stress och maktlöshet, hamnar man lätt i en nedåtgående spiral av negativitet och pessimism med långsiktiga, skadliga effekter på hälsan och välbefinnandet. Detta kan skapa en negativ kultur på arbetsplatsen, vilket kan medföra produktivitetsförlust och minskade intäkter.

Men det motsatta gäller också: En belöning kommer att generera mer kognitiva resurser, bättre beslutsfattande och en känsla av tillhörighet.[139] Några kanske tror att man skämmer bort medarbetarna om man tackar dem för ofta och att de som behöver mycket uppskattning bara är bortskämda eller osäkra, men genom att visa uppskattning till de medarbetare som känner sig bortglömda eller inte värdesatta, kan man återuppväcka deras passion och drivkraft.

Tacksamhet och arbetsglädje

Empirisk forskning ledd av *Lea Waters* vid *University of Melbourne i Australien*,[140] fann ett positivt samband mellan tacksamhetsuttryck och arbetsglädje, som hon menar att företagsledare bör dra nytta av. Ledare kan öka arbetsglädjen genom att skapa regelbundna möjligheter som väcker tacksamma känslor. Waters berättar att tacksamhetsaktiviteter kan utlösa en ömsesidig effekt, både från givare och mottagare, som organiskt höjer arbetsglädjen.

Hon föreslår att man uttrycker tacksamhet i möten, interna nyhetsuppdateringar och ger undervisning i uppskattande konversationsstrategier, för att få en nöjdare arbetskraft och ökad produktivitet. Studier visar att anställda som känner tacksamhet också tar ett större socialt ansvar, som att välkomna nya medarbetare och hjälpa kollegor, även om det inte ingår i deras arbetsbeskrivning.

Tacksamhet och employer branding

En anställningsintervju är inte längre en urvalsprocess där hoppfulla kandidater presenterar sig, granskas och bedöms av arbetsgivaren, som sedan avgör deras framtid, sa *Charlotte Hoflin* när hon var vd på *Poolia Finance*[141] och berättarde att nu för tiden är en anställningsintervju ett möte mellan två köpare och två säljare. Enligt Hoflin är både kandidaten och arbetsgivaren ute efter att sälja in sig själva, samtidigt som de försöker att utvärdera personen de möter.

Hon berättade vidare att jobbsökarkandidaterna idag är mer kräsna, självsäkra och pålästa och det händer till och med att kandidater ber om referenser på chefen innan de tackar ja till ett jobb. Många säger upp sig från ett jobb för att de är missnöjda med sin chef, men chefens roll kan vara avgörande både vid uppsägning och anställning. Hoflin menar att kandidater söker ett bra ledarskap och vill arbeta där stämningen är god. Personalen trivs när det finns en ledning som lyssnar på sin personal. Enligt *Workhumans* undersökning *The Future of Work is Human*[142], uppgav var 5:e anställd att de var beredda att byta jobb.

> *"Kandidater letar efter meningsfulla arbeten på organisationer, där de känner sig bekräftade och respekterade."*
>
> *Workhuman*[143]

Statistik från *Arbetsförmedlingen* visar att antalet lediga jobb ökar samtidigt som arbetslösheten minskar och man har sett en stark efterfrågan på arbetskraft inom vissa kompetenser. Enkätundersökningar visar också att andelen arbetsgivare som planerar att anställa ny personal är hög, men samtidigt kan den snabba utvecklingen inom automatisering, digitalisering och grön omställning leda till obalans mellan efterfrågan och tillgänglig kompetens. Här gäller det att vara en attraktiv arbetsgivare, inte bara för att kunna locka till sig attraktiv kompetens, utan också för att behålla den.

Även i USA oroar man sig för hur man kan attrahera och behålla kompetens i organisationen. Utbudet av lediga jobb är nästan är dubbelt så stort som antalet arbetslösa och arbetsmarknadsstatistik från det amerikanska *Bureau of Labor Statistics*, visar att 5,7 miljoner amerikaner är arbetslösa, vilket kan jämföras med 10,7 miljoner lediga jobb i USA. Framför allt är det brist på personer med rätt kompetens.[144]

Ungas krav på arbetslivet

Generation Z, som också kallas Zoomers, Post-millenniegenerationen eller iGenerationen, är en benämning på personer som är födda i mitten på 90-talet och uppväxta efter millennieskiftet. Dessa personer har i undersökningar visat sig vara individualistiska och mycket engagerade i samhällets framtid. För Generation Z är etik en viktig fråga och de väljer helst en arbetsgivare som har samma värderingar som de själva och där de känner att det jobb de utför gör en skillnad för världen.[145] 95 procent av jobbkandidater i Generation Z i USA uppgav att de tycker att företagets kultur är viktigare än lönen.[146]

Men även den tidigare 80-talsgenerationen Generation Y, också kallad ”The Millennials”, har höga krav på arbetet. De värderar trygghet på arbetsplatsen och tycker att semester och friskvårdsbidrag kan vara viktigare än högre lön, berättar *Mikaela Almerud*, som tidigare var högskolepolitisk expert på *Svenskt Näringsliv*, i en artikel[147]. Generation Y är den första generationen som har vuxit upp i en digital värld.

En studie[148] visade att cirka 47 procent av anställda i Generation Z och 42 procent av anställda Millennials känner att de inte uppskattas av sin arbetsgivare och att de är utbytbara, jämfört med endast 28 procent av den föregående Generation X, som är födda från mitten av 60-talet fram till 80-talet, och 32 procent av Baby boomers, som är generationen innan Generation X.

Almeryd förklarar att Generation Z har vuxit upp med sociala medier, där man får bekräftelse på allt man gör. Detta visar sig även i arbetslivet, då de söker feedback på ett helt annat sätt än tidigare generationer. Och de vill att bekräftelsen ska ske så snabbt som möjligt, vara konstruktiv och samtidigt uppskattande. Millenials vill gärna utveckla sin kompetens på arbetsplatsen, men samtidigt finna tid till annat och de sägs vara den första generationen som på riktigt implementerar begreppet ”work-life balance” som handlar om att skapa en balans mellan arbetsliv och fritid, varför möjlighet att arbeta hemifrån kan bli en förutsättning för att locka denna generation.

När unga fick svara på frågan vad de värderar högst i arbetslivet, kom svar som att ”ha kul” och ”personlig utveckling” i toppen. De har alltså ett stort fokus på personlig tillfredsställelse. Almeryd förklarar att skälet till att Millenials beter sig annorlunda på arbetsmarknaden, inte bara beror på att de är curlade och bekräftelsesökande genom sociala medier. Arbetsmarknaden, speciellt för de som har studerat, ställer ofta krav på kvalificerade utbildningar.

Medelåldern för inträde på arbetsmarknaden bland unga är idag 29 år och högre än någonsin tidigare. Att de unga ställer krav på arbetet kan därför förklaras med att många har stora studieskulder i kombination med att de ska försöka komma in på en tuff bostadsmarknad, enligt Almeryd.

Att aktivt arbeta med tacksamhet och bekräftelse kan vara ett sätt att både attrahera och behålla den yngre arbetskraften. Särskilt med tanke på att personer mellan 30-40 år toppar sjukskrivningar för psykisk ohälsa, där stress och utmattningssyndrom står för en betydande del.

Varför säger anställda upp sig?

Enligt det amerikanska arbetsmarknadsdepartementet, *United States Department of Labor*, är några av de främsta anledningarna till att 4,2 miljoner människor lämnade sina jobb 2022[149] en dålig chef, att de inte kände sig respekterade och dålig kultur på arbetsplatsen. Som jag också beskrev tidigare, visar forskning[150] att den mänskliga hjärnan ser arbetsplatsen som ett socialt system. När vi känner oss respektlöst behandlade eller inte uppskattade på jobbet, aktiveras hjärnans smärtregioner. Dessa känslor är lika kraftfulla som ett fysiskt slag mot huvudet och effekterna är starka och långvariga. Detta förklarar varför det är viktigt att aktivt arbeta för en sund arbetsplatskultur och ett enkelt verktyg för att göra det är att införa tacksamhet.

Glassdoor Economic Research skriver i sin arbetsplatstrendrapport för 2023[151] att företagskulturen kommer att vara värdefull för att både attrahera och behålla anställda och blir ett sätt för arbetsgivare att positionera sig gentemot sina konkurrenter. Medan lön och förmåner förblir högsta prioritet för anställda, är skapandet av en positiv företagskultur ett viktigt område som arbetsgivare kan använda för att ytterligare särskilja sig, särskilt när det gäller distansarbete. Med en allt växande konkurrens bland företagen om de bästa talangerna, kräver de anställda större välbefinnande på jobbet, inklusive ökade nivåer av lycka, tillfredsställelse, syfte och hanterbar stress.

Medarbetarupplevelsen blir avgörande

Jacob Morgan, framtidsforskare och författare till *The Future of Work*, skriver i artikeln *Why The Future Of Work Is All About The Employee Experience*[152] på *Forbes* att det är medarbetarupplevelsen som många HR-chefer och chefer runt om i världen fokuserar på idag. I likhet med kundupplevelsen är medarbetarupplevelsen det som händer när en anställd interagerar med din organisation. Upplevelsen börjar med hur de först hittar och söker jobb på företaget, till hur de lämnar och allt däremellan. Morgan berättar om hur vi under årtionden inte brytt oss om de anställdas upplevelse, eftersom all makt legat i händerna på arbetsgivarna och ämnen som engagemang, inspiration, empowerment, och trivsamma arbetsplatser, inte funnits på agendan. Idag anser *Society for Human Resource Management* att den högsta prioriteringen när det gäller HR, är hantering av personalen (talent management), eftersom makten nu har övergått i händerna på de anställda.

Organisationer som under lång tid tagit för givet att människor velat arbeta på deras företag, inser nu att de måste skapa en plats där människor vill arbeta och kampen om att fånga upp de bästa talangerna har aldrig varit tuffare. Idag använder många unga andra sätt att försörja sig på än ett lönearbete. Det kan till exempel vara att skapa produkter på Amazon, hyra ut sina hem på Airbnb, köra för Uber, bli frilansare på olika sajter och liknande. Sociala plattformar som Linkedin har också gjort det lättare för head hunters att stjäla talanger från sina konkurrenter. Det organisationer behöver fokusera på är enligt Morgan att förbättra medarbetarupplevelsen.

Tacksamhet kan spela en viktig roll

Idag erbjuder många företag i USA fri lunch, kemtvätt på plats, designade kontor, modern teknik och flexibla arbetstider, eftersom allt fler anställda förväntar sig det. Men det som Google gör kommer troligen inte att fungera för ditt företag och vice versa. Eftersom pengar inte längre är den primära motivationsfaktorn för unga anställda, är fokus på medarbetarupplevelsen den mest lovande konkurrensfördelen som organisationer kan skapa.

Där spelar tacksamhet en viktig roll, då vi vet från forskningen, som jag beskrivit tidigare i denna bok, att tacksamhetsutövande får personal att trivas och må bra och dessutom prestera bättre på arbetet.

Utmaningar

Trots alla fördelar med att både känna och uttrycka tacksamhet, visade en studie från *John Templeton Foundation*[153] med 2 000 amerikanare, att människor var mindre benägna att uttrycka tacksamhet på jobbet än någon annanstans. I genomsnitt säger bara 10 procent av anställda "tack" till kollegor och 60 procent av de anställda rapporterade att de aldrig eller mycket sällan uttrycker tacksamhet på jobbet. 74 procent uttryckte aldrig eller sällan tacksamhet till sin chef.

Men respondenterna ville gärna ha en chef som uttryckte tacksamhet till dem. 70 procent skulle må bättre om chefen var mer tacksam och 81 procent skulle jobba hårdare. 94 procent av kvinnorna och 96 procent av männen var överens om att en tacksam chef var en bättre chef. Endast 18 procent tyckte att en tacksam chef kunde ses som svag.

I studien *How power corrupts relationships: Cynical attributions for others' generous acts*[154] fann *Ena Inesi* från *London Business School* och hennes kollegor från *Stanford* och *Northwestern University* i USA att människor med makt, tenderade att tro att andra tackade dem främst för att ligga bättre till hos chefen och inte av en autentisk känsla. Som ett resultat av detta är ledare själva mindre benägna att uttrycka tacksamhet, visade rapporten.

Risker med att impelementera tacksamhet

Ryan Fehr varnar för att "sprinkle gratitude" (ungefär: strössla tacksamhet) på en organisation som har stora problem med negativ kultur. Där behöver man först identifiera problemen och se hur man kan ta ett grepp om helheten. Riskerna som Fehr ser när man implementerar tacksamhet på en arbetsplats är:

Avund

En undersökning visade att när två personer blev kallade till ett möte med chefen och endast en av dem fick beröm, medförde det att personen som blev utan uppmuntran tog väldigt illa vid sig och sa att den aldrig mer ville jobba varken med chefen eller medarbetaren igen. Därför behöver man se till att ingen blir utan tacksamhet, oavsett hur den presterar. Kanske bidrar den med goda personliga egenskaper till arbetsplatsen? Man kan också förstärka önskvärda beteenden hos lågpresterande personer genom att bekräfta dem, när de väl uppstår.

Stolthet

Är personerna villiga att erkänna att andras handlingar bidragit till deras framgångar? Finns det en generositet och öppenhet i kulturen på arbetsplatsen? I en kultur av vassa armbågar och konkurrens kan det ta tid att förändra attityder. Men chanserna ökar betydligt ifall förändringen kommer ifrån ledningen.

Ilska

Att införa tacksamhet kan slå fel i mycket missnöjda kulturer. Där gäller det att se över hela kulturen och hur tacksamhet kan bli en del av den, inte bara försöka att lägga det ovanpå den gamla. Det är också viktigt att det upplevs som äkta och genuint, inte bara något tillfälligt påhitt. Som jag beskrev ovan, behöver det implementeras top-down: att du som ledare föregår med gott exempel och själv praktiserar tacksamhet.

Enligt *Deloittes* undersökning *Global Human Capital Trends 2023,*[155] anser 87 procent av företagsledarna som tillfrågades att det är viktigt för deras organisations framgång att utveckla en modell för de anställdas välbefinnande. Ändå upplever bara 24 procent att deras organisation är redo att ta itu med detta.

Det finns därför mycket att göra för att införa tacksamhet på arbetsplatsen. Som jag beskrev tidigare, är det viktigt att starta med dig själv som ledare: Vad är DU tacksam för? Var finns tacksamheten i ditt liv? Du som ledare sätter tonen för kulturen på arbetsplatsen. Här har du en enorm möjlighet att skapa något nytt, varaktigt och fruktbart för hela organisationen. Och det behöver börja med dig personligen. I kapitlet *Din egen tacksamhet* berättar jag hur du kan öka tacksamheten i ditt eget liv.

I nästa kapitel berättar jag hur ni gör för att implementera tacksamhet i organisationen.

Hur gör man?

Att implementera tacksamhet i organisationen

Det är viktigt att ha en plan för arbetet med att implementera tacksamhet i organisationen och det räcker inte med en övning eller två. Även om effekten enligt forskningen håller i sig under en längre tid efter en övning, är det viktigt att kontinuerligt arbeta med tacksamheten, för att inte falla in i gamla mönster igen.

I kapitlet *Goda exempel från Näringslivet* kan du läsa om företag och organisationer som arbetar med tacksamhet. Om du letar efter en enkel sak som du kan göra idag, för att skapa verklig och varaktig inverkan i ditt företag, så kan du börja med att tacka någon för något den bidragit med till din verksamhet.

I kapitlet *Hur tacksamhet blir lönsamt* klargjorde *Mike Robbins*[156], (författare och konsult inom företagskultur, med kunder som Google, Microsoft, eBay, Airbnb och Harvard University), den viktiga skillnaden mellan tacksamhet och uppskattning: Tacksamhet innebär att se människor och deras värde och skapa en miljö där de känner sig värderade och uppskattade för dem de är, inte bara för vad de gör.

Lea Waters skriver i studien *Predicting Job Satisfaction: Contributions of Individual Gratitude and Institutionalized Gratitude*[157], att praktiserandet av tacksamhet måste vara ett subtilt och konsekvent inslag i varje arbetsdag, men att det inte går att tvinga på någon det. Waters föreslår regelbundna aktiviteter, blandade med spontana uttryck för uppskattning, för att inspirera personalen och visa dem att du uppmärksammar varje persons individuella bidrag till verksamheten.

Waters tipsar om att börja med att fundera på vad du uppskattar med dina medarbetare och vilka beteenden och attityder du vill att de ska utveckla långsiktigt. Om du bara belönar högpresterande beteenden, riskerar du att styra dina medarbetare åt fel håll.

Det viktiga är att fokusera på deras beteenden kopplat till positiva egenskaper du observerat i deras personligheter. Först då kommer det att kännas äkta och ge den effekt du önskar: att medarbetarna känner genuin tacksamhet. Och för att det ska kunna ske, måste du känna det själv först.

Tacksamhet bygger varaktiga relationer

Tre viktiga regler för att ge tacksamhet till sin personal, är att det måste uttryckas autentiskt, specifikt och vid rätt tillfälle, som jag kommer att utveckla mer i detta kapitel. För även om tacksamhet är enkelt, gäller det att det används på rätt sätt. Personligt och innerligt uttryckt tacksamhet bygger varaktiga relationer, även med kunder och viktiga nyckelpersoner i din verksamhet.

Enligt *Gostick* och *Elton,* som jag nämnt tidigare, är tacksamhet den viktigaste kompetensen för chefer att ha idag, om de vill förstärka personalens prestationer och utveckla sin trovärdighet som ledare.

De menar att man, för att utveckla tacksamhet på arbetsplatsen, behöver observera vad medarbetarna gör och försöka sätta sig in i deras situation på jobbet. Det handlar om att se de bra sakerna som de gör och från hjärtat uttrycka uppskattning för positiva beteenden på ett personligt sätt, som de kan ta till sig. Det viktiga är att förstå sina medarbetare och se allt de har att ge till företaget, om de får chansen. Tacksamhetsuttryck och tacksamhetsprogram som helhet bör inte tvingas på anställda. Snarare måste tacksamhet främjas på ett sätt som respekterar personalens tid. Det viktigaste du kan göra som ledare, är att föregå med gott exempel. Det kommer att sprida sig i organisationen.

"När vi uttrycker vår tacksamhet får vi aldrig glömma att den högsta uppskattningen inte är att yttra ord utan att leva efter dem."

John F. Kennedy

Föregå med gott exempel

Det viktiga är att tacksamhet implementeras uppifrån och ner i organisationen. När du uttrycker tacksamhet till dina medarbetare, kommer det att spridas vidare. För att kunna göra det och även uppleva alla fördelar med tacksamhet, behöver du starta med att själv praktisera det under en tid. Genom att börja med dig själv, får du en djupare insikt i hur tacksamhet kan påverka dina medarbetare. Det finns en mängd olika sätt att utöva tacksamhet på och i kapitlet *Din egen tacksamhet*, har jag samlat tips på hur du kan utveckla tacksamhet i ditt eget liv.

Något att vara uppmärksam på, när du arbetar med din egen tacksamhet, är vilka som bidragit och bidrar till dina framgångar som ledare.

Du är säkert en utmärkt chef, annars skulle du nog inte ha fått ditt jobb, men utan en rad andra människor hade du kanske inte kommit hit: Någon gav dig goda referenser och tidigare chefer – och medarbetare – har troligen bidragit till att lära dig det du kan idag. I ditt dagliga arbete har du personal som utför arbetsuppgifterna, så att du kan visa resultat. Ofta glömmer vi den viktiga basverksamheten: till exempel personalen på ekonomiavdelningen som ser till att lönerna betalas ut punktligt varje månad. Vad skulle hända om de alla blev sjuka samtidigt? På en stor organisation, sitter det kanske många i det yttersta ledet, som möter kunderna varje dag. Inte sällan glöms de bort och personalomsättningen är hög. Tänk om ledningen hittade sätt att tacka dem för deras jobb?

Tacksamhet på arbetsplatsen

När du provat att praktisera tacksamhet i ditt eget liv under en tid, är det dags att införa det på arbetsplatsen. Den stora utmaningen är hur ledningen kan få personalen att praktisera tacksamhet utan att det misstolkas. Finns det till exempel missnöje med ledningen eller en allmän gnällkultur på jobbet, kan detta vara en stor utmaning för att det inte ska leda till bakslag, som jag beskrivit tidigare.

Det gäller att personalen förstår att syftet med praktiserandet av tacksamhet är de ska må bättre på jobbet, men framför allt för att de ska öka sitt personliga välbefinnande överhuvudtaget. Det är inte en metod för att de ska lära sig att vara nöjda och inte ifrågasätta. Därför är det viktigt att noga överväga hur man ska introducera tacksamhet på arbetsplatsen, för att det inte ska missuppfattas och ge motsatt effekt.

På följande sidor ger jag några förslag, som kan användas var för sig och tillsammans:

Planera

Skapa en plan för att implementera tacksamhet i organisationen, så att det inte bara blir ett engångstillfälle. Den behöver varken vara kostsam eller omfattande, utan bara genomtänkt: hur ska ni kontinuerligt arbeta med tacksamhet? Jag ger exempel på det längre fram i detta kapitel.

Föregå med gott exempel

Du som ledare kan berätta för personalen hur du själv praktiserar tacksamhet och vad det inneburit för ditt välbefinnande. Antingen gör du detta personligen eller genom ett nyhetsbrev, om det är en stor organisation. Där kan du kontinuerligt uttrycka tacksamhet över små saker i ditt liv, som att det var en vacker morgon eller någon fin händelse på väg till jobbet. Kanske var det någon som hjälpte dig med något? Ju mer du börjar praktisera tacksamhet i ditt eget liv, desto mer kommer du att börja uppmärksamma dessa saker.

Du kan också regelbundet tacka olika delar av personalen som du ser bidragit lite extra. Eller de som jobbar i det tysta och är organisationens grundpelare. Ditt förhållningssätt kommer att sprida sig i organisationen och enligt flera studier kommer det inte bara att förbättra relationen mellan ledning och medarbetare, utan också mellan medarbetarna och till och med mellan organisationen och kunderna.

Ta hjälp utifrån

Ett startskott för att sjösätta planen med att implementera tacksamhet kan vara att hyra in en inspirerande föreläsare, som berättar för personalen om de gynnsamma effekterna på välbefinnandet med att praktisera tacksamhet och vad forskningen visar. Eller att någon på HR läser in sig på ämnet och berättar för personalen, kanske under en kick off.

Börja vid anställningen

Det bästa är att börja redan när någon nyanställs: låt dem få gå en kurs eller se en föreläsning och själva känna förändringen i sina liv, innan de tar det vidare till arbetsplatsen. Berätta att ni arbetar aktivt med de anställdas välbefinnande genom detta. Det kommer att sprida sig utanför företaget och bidra till att ni blir en mer attraktiv arbetsplats.

Utse tacksamhetsambassadörer

Utnämn någon (eller flera) till tacksamhetsambassadör, likt ett skyddsombud. Denna kan också bytas ut med jämna intervaller, så att uppdraget ambulerar i personalgruppen. Man kan förstås inte tvinga någon att ta uppdraget, men det kan bra om så många som möjligt får prova på det.

Det blir heller inte lika sårbart för organisationen, ifall personen som ansvarar för tacksamheten blir värvad till en annan organisation. Troligen kommer det att finnas några motsträviga personer som absolut inte har lust att ta del av detta, men låt dem hållas: de kommer att se hur den övriga personalen förändras och framför allt hur relationerna mellan dem förbättras.

Gör personalen delaktig från början

Det kan vara bra att ha några personer från personalen med i planeringen, när detta ska implementeras på företaget. Särskilt värdefullt är det om de får uppleva effekterna av tacksamhet själva under en tid innan, kanske genom att de går en tacksamhetskurs. De kommer att vara dina bästa ambassadörer, kanske med större trovärdighet bland personalen än du som ledare kan få.

"Gör det till en vana att säga tack till människor; att uttrycka din uppskattning ärligt och utan förväntningar att få något tillbaka. Om du innerligt uppskattar de omkring dig, kommer du snart att hitta många fler."

Ralph Marston

Hur du uttrycker tacksamhet på jobbet

Några nycklar att ha med sig när man ska börja uttrycka tacksamhet som ledare, är att vara personlig, tydlig, generös, konsekvent och offentlig:

Var personlig

För att din personal ska kunna ta till sig din tacksamhet, behöver den utgå ifrån deras behov – hur vill just den personen som du har framför dig bli uppskattad? Ett sätt är att kartlägga deras personligheter och lägga märke till deras drivkrafter, som jag beskriver längre fram i detta kapitel. Vad har de för styrkor? Det behöver inte bara handla om arbetsprestationer; en person kanske är bra på att hålla energin uppe i gruppen och ser till att andra är på gott humör. När du bekräftar det, kommer den personen att kunna relatera till det och uppleva tacksamheten mer genuint än om du bara tackar för ett bra jobb. Kanske har du själv inte möjlighet att ha den detaljkännedomen om personalen. Då kan du be de ledare som är närmast medarbetarna att göra det. *Dan Mosley*, som är medgrundare och CEO på *Workhuman*, har bidragit till att bygga kulturer av bekräftelse och mänskliga kontakter till bland andra *LinkedIn*, *Procter & Gamble* och *Symantec*. Han uppmanar till att även uppmärksamma personal med lägre profil, då inte allas roll är knuten till identifierbara framgångar.

Var tydlig

Vem vill du tacka och varför? Tala om *varför* du uppskattar personen, som jag skrev ovan och tydliggör vad exakt det är du tackar för, inte bara att ”Du är så bra” utan varför: vad är det personen gör som du tycker är bra och ännu bättre: vad skulle organisationen sakna om personen inte gjorde det? Personen som inte syns och tar plats, kanske bidrar med en stabilitet och trygghet i gruppen och den tystlåtna kanske är mer reflekterande. Berätta det. Den som alltid gnäller över småsaker kanske också är en noggrann person som har ordning på detaljerna.

Finns det något exempel på när personalen visat sina särskilda förmågor? Samla på dem och uttryck dem vid olika tillfällen. De kommer att känna sig sedda och bekräftade. I en *Deloitte Greenhouse*-rapport uttryckte 16 000 tillfrågade yrkesverksamma vikten av att bli bekräftad i det dagliga arbetet: den ansträngning som läggs ner, ens kunskap, expertis och engagemang för att leverera organisationens kärnvärden och inte bara de ”stora vinsterna”.

Var generös

Ju mer tacksamhet du uttrycker, desto mer berikas dina relationer. Var inte rädd att uttrycka tacksamhet ofta och minst en gång per vecka.

Att säga tack efter att du lämnat över en arbetsuppgift, kanske du gör redan, men alla gör inte det. Att tacka ofta, sänder svallvågor av tacksamhet genom hela organisationen och snart kommer du se att andra tar efter ditt beteende.

Var konsekvent

Utveckla gärna en policy och process för att tacka människor under hela året. Skapa kreativa sätt att visa uppskattning och gör det till en del av din strategi för att vårda relationer. Tänk bara på att inte ge samma present till alla, när du vill uttrycka tacksamhet till personalen genom gåvor. Det behöver vara personligt för att kunna uppskattas, som jag beskriver mer längre fram.

Var offentlig

Erkänn andras bidrag, ansträngningar och framgångar online genom att lyfta fram dem i inlägg på sociala medier, blogginlägg, artiklar eller e-postmeddelanden till alla medarbetare (tänk dock på GDPR innan du publicerar bild eller namn offentligt). Glöm inte att tacka kunderna också. Arbetet med att främja tacksamhet är mest effektivt när det blir en del av organisationskulturen, så se till att alla lär sig kulturen av tacksamhet på arbetsplatsen. Inlägg på sociala medier uppmärksammas även av kunder, samarbetspartners och framtida medarbetare, som ser hur omtänksamt företaget är. Det stärker varumärket och är utmärkt employer branding.

Var rättvis

Se till att alla blir tackade. Att utelämna någon kan upplevas väldigt negativt av den personen. Alla har något positivt att bidra med och om du inte hittar något, fundera på om personen har gjort något bra tidigare, som du kan förstärka: ”Jag glömmer aldrig när du…”. Det kan ge en anställd som tappat gnistan att komma igen och börja prestera. Eller säg att ”vi ser att du verkligen har potential att…”, vilket kan få samma effekt.

Har du inte tid?

Kanske tänker du nu att ”Jag har inte tid att lägga så mycket energi på enskilda medarbetare – jag har så mycket viktigare saker att fokusera på!”, men minns då att en förlorad medarbetare kan kosta organisationen dyrt. En ny anställning beräknas kosta runt en halv miljon för rekrytering, upplärning och tid innan personen kan leverera, för att inte prata om förlust av kompetens och kunskap med personen som lämnar organisationen.

Medarbetaren som känner sig sedd och bekräftad, kommer enligt ett flertal studier att anstränga sig till sitt yttersta för företaget, av lojalitet och tacksamhet. Om du inte känner någon särskild empati för dina medarbetare, kan du ändå införa tacksamhet av strategiska skäl, då det sannolikt kommer att öka företagets lönsamhet.

Känner du att du inte är rätt person att göra det? Anställ då en person med denna uppgift. Till exempel en konsult eller varför inte en Wellness Officer. Förhoppningsvis kommer vi i framtiden att se mer av tjänsten CWO – Chief Wellness Officer, en tjänst som företag och organisationer kommer bli tvungna att ha, om de vill behålla sin värdefulla personal. Inte minst de nya generationernas arbetskraft, som ställer andra krav på arbetet.

Som jag nämnde tidigare, kommer personal som känner sig sedda och bekräftade att anstränga sig mer för organisationen. I kapitlet *Hur tacksamhet blir lönsamt* beskrev jag många exempel på hur företag ökat sin omsättning, då de börjat fokusera på personalens välmående. En av de känslor som forskningen bekräftar har störst och mest långsiktig effekt för välbefinnandet, är just tacksamhet. När man får känslor av tacksamhet väcks en naturlig känsla av återgäldande, till den man upplever är upphovet till ens tacksamhet. Om detta är arbetsplatsen, kommer man att vilja bidra mer till den. Man kommer att göra det där lilla extra, för att visa sin tacksamhet.

"Tacksamhet kan förvandla vanliga dagar till högtider, göra rutinjobb till glädje och förvandla enkla möjligheter till välsignelser."

William Arthur Ward

Kom dock ihåg att tacksamhet bara fungerar om den upplevs som äkta. Att manipulera sin personal med tacksamhet kommer inte att fungera, då de snabbt genomskådar detta. Du behöver själv känna genuin tacksamhet. Hur du gör detta beskriver jag i kapitlet *Din egen tacksamhet* där jag vill inspirera till hur du kan införa tacksamhet i ditt eget liv.

Jag vill varmt rekommendera att du gör det och du kommer att se resultat på flera olika plan. Enligt forskningen kan praktiserandet av tacksamhet förbättra dina relationer, såväl romantiska som med vänner, familj och andra du möter. Du kan också förbättra både den psykiska och fysiska hälsan.

Det praktiska arbetet med tacksamhet på jobbet

Kartlägg intressenterna

Kartlägga dina intressenter: Kunder, personal, leverantörer och andra partners, för att se vilka som är avgörande för din verksamhet och vid vilka tillfällen. Håll ordning på deras födelsedagar och gör noteringar om personlighetsdrag eller handlingar som du uppmärksammar: Kanske är personen pålitlig och håller alltid sitt ord? Eller är det en person som sprider god energi omkring sig? Vad bidrar personen med? Inspiration? Trygghet och stabilitet? Ansvar? Noggrannhet? Idéer och nytänkande?

När du tackar personen, se till att du tackar personligt, för vad den bidragit med. Kanske är det en trofast kund? Hur får den dig att känna? Berätta det! Det viktiga är att tacksamheten är ärlig och personlig och visar att du känner dem tillräckligt väl för att uttrycka dig på ett sätt som de värdesätter.

Låt personalen själva hålla i tacksamhetsgrupper. Gärna i mindre, informella grupper. Ge dem utrymme på arbetstid till dessa grupper. I mindre grupper om fem personer räcker det med 20 minuter. Skapa en checklista för de dagliga tacksamhetsmötena som tacksamhetsambassadören kan följa.

Varje gång du anställer en ny medarbetare, kan du fråga hur den skulle vilja uppskattas för sitt arbete. Vad motiverar den personen? Anteckna det och spara det tillsammans med mallen för utvecklingssamtalet. När det är dags för utvecklingssamtal, kan du använda dig av dessa anteckningar för att bekräfta personen, men gör det oftare än bara en gång per år. Personalmöten och spontana konversationer i korridoren är också bra möjligheter att tacka dina medarbetare. När någon lämnar företaget kan du hålla en avskedsfest och uppskatta allt de gjorde för företaget. Det kommer att stärka personens lojalitet till företaget och den kommer troligen bara att tala väl om organisationen efter att den slutat.

Här är ett antal motivatorer som driver personer på jobbet och som man kan leta efter i anställdas personligheter och förstärka när man ger bekräftelse. De flesta drivs av en eller flera av dem och de kommer att uppskatta ditt tack för deras insatser så mycket mer, om du ser vad som motiverar deras arbete[158].

Exempel på motivationsfaktorer på arbetet

Ansvar
Bekräftelse
Ekonomi
Empati
Förändring
Gemenskap
Glädje
Hållbarhet
Hjälpa andra
Humor
Inflytande
Kontroll

Kreativitet
Ledarskap
Lärande
Nyfikenhet
Ordning
Personlig utveckling
Press
Problemlösning
Service
Självständighet
Socialt ansvar
Spänning

Struktur
Syfte
Teamwork
Uppmuntran
Utmaning
Utmärkelse
Utveckling
Variation
Vänskap
Ägarskap

Tacka dina medarbetare

Som jag nämnt tidigare gäller det att vara personlig när du ger ett tack, då detta får en mycket större effelt på mottagaren. Exempel på hur du kan tacka dina medarbetare är att i stället för att bara säga ”Tack för din rapport” lägga till:

> *Tack för din rapport! Ditt arbete är alltid grundligt och korrekt. Du har en särskild uppmärksamhet på detaljer som jag uppskattar.*

Nämn varje persons personliga bidrag till verksamheten och basera det huvudsakligen på deras personligheter. Till den drivande personen kan du säga:

> *Jag vill tacka dig för att du entusiasmerat gruppen och drivit arbetet framåt. Vi behövde din energi och det här projektet hade inte blivit klart lika snabbt utan din medverkan.*

Eller till medarbetaren med en mer tillbakalutad personlighet:

> *Du minskade stressen i teamet när vi närmade oss deadline. Din lugnande inverkan gjorde skillnad för allas välbefinnande, i kaoset som rådde. Dessutom bidrog du med observationer som vi andra missade i det stressade läget.*

När ditt team arbetat dag och natt för att slutföra ett projekt, eller för att klara en tuff natt inom vården, se till att tacka dem på ett sätt som de uppskattar. Fråga personerna omkring dem, vad de skulle uppskatta mest. Att visa dina kollegor att du värdesätter deras hårda arbete och engagemang, kan löna sig i det långa loppet. I en amerikansk undersökning om medarbetaruppskattning, uppgav 53 procent av de anställda att de skulle stanna längre på sitt företag, om de kände mer uppskattning från sin chef.[159] Hur du uttrycker din tacksamhet, berättar vem du är som person. Att visa sina känslor är inte ett tecken på svaghet – det är en styrka som bygger minnesvärda band som är starkare än vanliga affärsrelationer. Fråga dig själv varje dag: Vem är jag tacksam för idag? Vem bidrog till att öka min framgång eller utmanade mitt tänkande? Och glöm inte att vi även kan vara tacksamma för motgångar, då de ofta bidrar till utveckling och lärande.

Personlig växt är inte alltid skönt och bekvämt, men nödvändigt. Till exempel kan en kund som du haft problem med ha fått er att utveckla en ny lösning, eller en medarbetare som utmanat dina gränser kan ha gett dig nya insikter om dig själv.

Motvilja kan överkommas

I artikeln: *Från ideella organisationer till Fortune 500-företag – lär dig hur organisationer anammar en kultur av tacksamhet*[160] beskriver konsulten *Stephanie Pollack* när hon togs in för att arbeta med en nationell ideell organisation, där moralen var låg. Organisationen var mitt uppe i en transformation som förde in nytt ledarskap, en ny kultur, nya regler – och massor av spänningar och osäkerhet.

Stephanies uppgift var att lära ut uppskattning och tacksamhet och under en tre dagar lång retreat lärde hon en liten grupp motvilliga anställda om fördelarna med att erkänna de goda sakerna i deras liv och säga tack. Och något skiftade. Efter att en person skrivit ett genuint tack på en "uppskattningsvägg" deltog snart alla.

> - De gick in med mycket spänning och frustration och jag säger inte att de gick ut med ingen, men det fanns en vilja från allas sida att gå framåt tillsammans på ett annat sätt, berättar Pollack.

Det som verkligen förvånade Pollack, var den koppling och äkthet som uppskattningen tycktes inspirera till. I slutet av retreaten öppnade några av de mer avstängda medarbetarna upp om de känslor och tidigare erfarenheter som hade skapat deras hårda skal.

"När du äter en frukt, kom ihåg vem som planterade trädet."

Vietnamesiskt ordspråk

Tacksamhet i de dagliga rutinerna

Här ger jag några konkreta förslag för att arbeta med tacksamhet på jobbet:

- 21-dagars tacksamhetsutmaning
- Tacksamhetsambassadör
- Tacksamhetstavla
- Tacksamhet på möten
- One to One tacksamhet
- Veckans tacksamhet

21-dagars tacksamhetsutmaning

Utmana dina medarbetare att under 21 dagar skriva tre saker som de är tacksamma för på jobbet. Föregå med gott exempel och mejla ut dina egna reflektioner varje dag till all personal. Ta hjälp av dina medarbetare som kanske sett och hört saker som du missat: Någon som gjort något extra: Allt från att köpa mjölk, när den tagit slut, till att hjälpa en annan medarbetare med en utmanande uppgift eller sitta sena kvällar när lönesystemet kraschade i slutet av månaden.

Tacksamhetsambassadör

Ett förslag är att varje vecka utse en tacksamhetsambassadör på jobbet, som får observera allt positivt som händer, för att sedan läsa upp observationerna på ett möte i slutet av veckan, eller mejla ut dem till alla medarbetare. Tacksamhetsambassadören kan också ta initiativ till att varje möte startas med en tacksamhetsreflektion.

Tacksamhetstavla

Skapa en tacksamhetstavla på arbetsplatsen för att visuellt påminna varandra om tacksamhet. På tavlan kan man sätta upp anonyma lappar med meddelande av tacksamhet. Låt gärna tavlan sitta på en plats som även besökare kan se. Kanske kan besökarna få bidra till tavlan, med sina upplevelser från besöket. Denna metod har använts med goda resultat på sjukhus, som du kan läsa mer om i nästa kapitel.

Tacksamhet på möten

Utveckla en tacksamhetsritual för att starta eller avsluta alla kontorsmöten. Det kan vara så enkelt att alla deltagare får uttrycka en sak de är tacksamma över, i en mening. Det kan också räcka med ett ord var, om det är många mötesdeltagare och tiden är knapp. Förslagsvis görs detta på måndagsmötet eller i slutet av veckan. Då det blir en fin inledning eller avslutning på veckan.

Uppmuntra också medarbetarna att vara uppmärksamma på tacksamhet under dagen: bra saker som händer, som de kanske inte skulle ha reflekterat över i vanliga fall. Tvinga ingen att komma på något, utan ge alla möjligheten att delta om de vill. Att bara lyssna på andras uttryck för tacksamhet får alla andra att tänka till och inspirerar till att fokusera mer på tacksamhet. *Intelligent Change* föreslår i artikeln *Why Gratitude Is*

Important in Business[161] att man inför tacksamhet på fredagens avslutningsmöte. Till exempel kan man, efter att ha gjort en kort sammanfattning av allt ni har genomfört under veckan, ta ett par minuter och be varje anställd (inklusive dig själv) att skriva ner tre arbetsrelaterade saker som de är tacksamma för. På så sätt slutar en arbetsvecka på ett positivt sätt för alla i företaget och känslan man har ned sig över helgen, gör att man ser fram emot att komma tillbaka på måndagen.

One to One tacksamhet

Uppmuntra personalen att varje vecka skriva ett tacksamhets-kort eller mejl till en medarbetare, där de uttrycker uppskattning för ett arbete eller personligt attribut som tillför värde – arbetsmässigt eller personligen. Detta kan ske helt anonymt och diskret, genom att korten läggs i en låda, som sen delas ut i postfack eller liknande.

Att skicka ut personliga tacksamhetsmejl är en övning som många stora ledare använt sig av och den kan användas såväl internt med de anställda, som externt med affärspartners och kunder. Internt kan det fungera som en teambuilding-aktivitet, liknande Secret Santa, där alla i stället får tilldelat en person från arbetsplatsen som de ska skriva ett personligt tackbrev till. Man kan välja själv om det ska vara anonymt eller inte.

Detta blir ett fint sätt att öppna sig för varandra och skapa relationer till personer som man tidigare kanske knappt har pratat med. Om de inte vet vad de ska skriva, kan de fundera på vad personen bidrar med på arbetsplatsen och vad som skulle saknas om den inte var där. Samma aktivitet kan tillämpas externt med affärspartner eller kunder, efter att ha slutfört en viktig affär eller ett gemensamt projekt, kan du skicka ett tackkort till dina affärspartners. Det bör inte vara ett generellt tackkort, utan ett personligt meddelande som anger vad du är tacksam för och vad de hjälpte de dig att uppnå. Ett fysiskt kort ger så mycket större effekt än ett mejl, även om det senare kan vara mer praktiskt om du ska skicka till många. Men till de som är särskilt viktiga för dig och företaget, är det värt att skicka ett handskrivet kort per post.

I denna elektroniska tidsålder är det så ovanligt att vi får personliga fysiska kort, att de kommer att bli minnesvärda. Om det inte handlar om massutskick, kan ingen anklaga dig för att vara en miljöbov.[162]

Veckans tacksamhet

I slutet av veckan kan alla få i uppgift att reflektera över veckan som varit och vad de är tacksamma över. Detta kan publiceras på ett intranät, tacksamhetstavlan eller andra kanaler som ni har för internkommunikation. Det kan också vara en idé att publicera detta offentligt (med medarbetarnas tillåtelse), då det bland annat fungerar som employer branding och stärker företagets varumärke.

Man kan uppmuntra anställda att varje vecka uttrycka till någon person vad de är tacksamma för, till den personen. Det är viktigt att det är en ny person varje vecka, så att det inte alltid blir de närmast förtrogna som får ens tacksamhet. Genom att personalen börjar tänka på vad de är tacksamma över med den övriga personalen, inklusive chefen, städaren och receptionisten, kan negativa kulturer på jobbet motverkas.

Dagliga övningar

Det kan vara bra att börja varje vecka med en tacksamhetsövning, men med arbetsförhållanden där detta inte är möjligt kan man till exempel hålla gruppen på lunchen, på en fika eller i slutet av dagen. Det går naturligtvis lika bra att hålla gruppen online. I de fall där detta inte är möjligt till exempel vid ensamarbete, kan det vara en idé att starta ett forum digitalt, där man kan uttrycka sin tacksamhet när man har tid Att börja uppmärksamma varandra med ett tacksamt sinne, leder även till bättre relationer mellan ledning och personal, då man börjar se vad andra bidrar med och kan känna tacksamhet för det.

För att skapa rutiner för tacksamhetsaktiviteter på jobbet räcker det med två eller tre enkla övningar. Gör det obligatoriskt för personalen att delta i minst en av dem, för att introducera begreppet tacksamhet.

Genom att checka in dagligen med personaler för att se om de gjort framsteg, kan ledare höja deras energinivåer avsevärt. Beteenden som belönas tenderar att upprepas. Att inte uttrycka tacksamhet i stunden, gör att man missar möjligheten till positiv förstärkning. Positiv förstärkning triggar belöningssystemet i hjärnan som får oss att vilja agera likadant i framtiden.

Det är lätt att glömma allt stöd man tagit för givet. För mig blev det stor aha-upplevelse, då jag började se mig omkring och uppmärksamma allt som gjordes omkring mig. Ofta utan att mina medarbetare fick någon särskild bekräftelse för det, men utan dem skulle jag som chef inte ha kunnat uppnå målen.

Några ord om att ge gåvor

I boken *Leading with Gratitude*[163] nämner författarna ett exempel på hur det kan gå fel, när CEO:n på ett amerikanskt företag utnämnde en person till månadens medarbetare, efter att denne lyckats få in en stor order till företaget. Som tack fick personen två biljetter till ett idrottsevenemang, vilket förstås gjorde medarbetaren glad. Veckan efter fyllde en annan medarbetare år, vilket också uppmärksammades på företaget.

Som gåva fick denne medarbetare två biljetter till samma idrottsevenemang som den tidigare personen. Det tog helt udden av den förste medarbetarens upplevelse av att ha blivit belönad och ledde i stället till besvikelse. Därför är det viktigt att gåvor uppfattas som personliga, annars kommer de inte att mottas med tacksamhet, hur dyra de än är.

"Att känna tacksamhet utan att uttrycka det, är som att packa in en present utan att ge den."

William Arthur Ward

Jag arbetade för många år sedan på ett företag som gav dyra glas av ett känt märke till personalen i julklapp varje år. Tanken var god; att man skulle samla på dessa glas, men de flesta vuxna människor har redan en uppsättning glas hemma, som de valt själva. Följden blev att många inte uppskattade de fina glasen, som blev till ett stående skämt i korridorerna – vilket förstås aldrig nådde fram till chefens öron.

Även när personalen fyllde jämt fick de samma glas – en gåva som då varken kändes personlig eller uppskattande. När det kom nyanställda till kontoret, som började avsäga sig dessa glas i julklapp, var det fler i personalen som följde deras exempel, lättade över att slippa behöva sälja dem på Blocket.

Även om det är praktiskt och ekonomiskt att köpa in en stor volym av en vara och använda "samma för alla", så blir effekten inte den avsedda, om alla får samma sak vid alla tillfällen. Den som arbetat 10 år på företaget känner sig inte särskilt uppskattad, då den får samma gåva som alla andra fått i julklapp.

- Det kändes som om chefen bara gick ut i förrådet och tog ett av de hundratals paketen som stod lagrade där och som säkerligen var avskrivna för många år sedan, sa en medarbetare.

Som chef kanske du för anteckningar över medarbetarnas prestationer, till deras utvecklingssamtal. På samma sätt kan du föra anteckningar över deras hobbies eller andra personliga saker som du snappar upp vid någon fika eller lunchsamtal. Det kan vara en längtan efter att besöka en speciell plats, en önskan om att uppleva en särskild aktivitet eller en delikatess som man älskar. När personen fyller jämt, kan det vara en idé att köpa en bok om den speciella platsen, ett presentkort på aktiviteten eller en korg fylld med delikatessen.

Självklart kan man fråga personens arbetskamrater, som troligen känner den bäst av alla, men det är värt så mycket mer om chefen uppmärksammat något personligt. De kommer att få reda på vem som valde gåvan, var så säker.

Riskerna med att inte uppmärksamma personalen

En organisation är aldrig mer än summan av sina medarbetare, hur välmeriterad du än är som chef. Det ska bara fungera, men det är människor som utför arbetet och de kan lätt bli värvade till andra företag, om de inte mår bra i din organisation.

Personalen i de yttersta leden kan också vara de som har mest kundkontakt. I en stor koncern med många lokalkontor, är det lätt att personalen tappar närheten till huvudkontoret och det som pågår där. Detta kan också bidra till att de känner sig mindre uppskattade och ger näring till framväxten av kulturer, som inte alls ligger i linje med de kärnvärden man tagit fram på huvudkontoret.

Jag arbetade en tid på en koncern, där jag deltog i ledningsgruppen, men hade min arbetsplats på ett av lokalkontoren. Det var en intressant insikt att se hur ledningens syn på organisationen, medarbetarna och kunderna skilde sig totalt ifrån de medarbetare som inte arbetade på huvudkontoret.

Det finns en risk att ledningen räknar kunderna bara i intäkter, medan de kundnära medarbetarna ser dem nästan som vänner, som de står närmare än företagets ledning. Dessa relationer som byggs upp är enormt värdefulla för företaget och behöver uppmärksammas och bekräftas. Framför allt borde företag vara rädda för att förlora dessa medarbetare, som kan vara en bidragande orsak till att kunderna väljer just detta företag framför andra. Särskilt när vi vet att majoriteten slutar sina jobb för att de inte känner sig uppskattade.

Jag avslutar detta kapitel med att citera Adrian Gostick och Chester Elton, som jag refererat till tidigare.[164] Deras råd till ledare kring att införa tacksamhet på jobbet är:

Ge det nu, ge det ofta och var inte rädd.
Börja i liten skala och börja idag!

Tacksamhet i näringslivet

Några goda exempel

Att uttrycka tacksamhet till sina kunder är inget nytt. Många företag spenderar hundratusentals kronor på annonsering, där de tackar kunderna. Men fungerar det? Forskningen visar att generella tack, riktade till en bred massa, inte har någon större effekt. Ett personligt riktat tack vid ett särskilt tillfälle har däremot större inverkan, till exempel när någon väljer att bli kund i företaget, när den köper över en viss summa, när den varit kund ett antal år eller när det uppstått förseningar och andra problem som kunden haft tålamod med.

Det enklaste sättet att tacka en kund är att skriva ett mejl och om ni har kundtjänst, kan de ha färdiga mejlmallar att skicka ut vid särskilda tillfällen. Glöm inte ”den obetydliga gåvans magi” – effekten en till synes obetydlig gåva kan få. Att skicka med några varuprover eller någon liten vara som tack, till exempel vid en order över ett visst belopp, kan få kunder att känna tacksamhet mot företaget.

Den lilla kostnaden är ingenting mot förlusterna ett argt inlägg på sociala medier eller sidor för omdömen kan medföra. Många människor kollar idag upp företagets omdömen innan de köper en dyrare vara eller tjänst. Se till att förekomma dåliga recensioner genom att uppmärksamma kunden. Tacksamma kunders tillfredsställelse sprids i rekordfart på sociala medier. Till exempel skriver uppstickaren Ritual Oils, som säljer exklusiv ekologisk olja på nätet, personliga tackmeddelanden med tuschpenna direkt på paketet eller på en enkel medföljande lapp med budskap som: ”I love you Alex” eller ”Thank you Miranda”. Detta har uppskattats mycket av kunderna, som delat detta i tusentals på sociala medier.

I det här kapitlet ger jag exempel på företag som använt sig av tacksamhet. Allt ifrån multinationella bolag till sjukvård och småföretag. För tacksamhetsutövning har börjat spridas till allt fler arbetsplatser i USA, från nya mjukvaruföretag till äldre institutioner som Campbell Soup, vars tidigare VD skrev 30 000 tackmeddelanden till sina anställda.

Ford Motor Company

I juni 2014 slutförde Alan Mulally omvandlingen av Ford Motor Company från en historisk koncern på gränsen till konkurs, till ett globalt framgångsrikt företag med en entusiastisk personalstyrka. Detta mitt i den värsta och längsta ekonomiska krisen sedan den stora depressionen. Företagets aktie, som hade varit uppe i 17,34 dollar 2004, hade sjunkit till 8,39 dollar när Mulally intog posten som CEO. Därefter sjönk den till 1,01 dollar 2008, när finanskrisen drabbade världen.

Mulally berättade att det krävs en stark vision för att omvandla ett sådant legendariskt företag som Ford och hans vision var ”Människor som arbetar tillsammans som ett slimmat globalt företag för fordonsledarskap”.

- Människor vill också ha meningsfullhet. Vi vill alla veta att vi gör stora saker, att vi berör många människor och att det vi gör handlar om något större än oss själva, sa Mulally.

I stället för att sparka personal, fokuserade Mulally på att entusiasmera de anställda och få dem att prestera så bra som möjligt. Detta genom att ge dem uppskattning och tacksamhet. Ford var tidigare en koncern känd för vassa armbågar bland personalen, men Mulally fick dem att arbeta konstruktivt tillsammans och hjälpa varandra, genom att föregå med gott exempel som ledare. Tack vare det fick han människorna som arbetade på Ford att göra sitt absolut bästa för företaget. Mulally sa:

- Det handlar om att uppskatta personalen, respektera dem och tacka dem vid varje steg på vägen.

Virgin group

Multimiljonären Richard Branson lanserade sin första affärsverksamhet redan som tonåring. Vid 20 års ålder hade han startat en postorder för skivor och vid 22 ledde han en kedja av skivaffärer.

Sedan dess har han grundat en rad olika företag och samarbeten, inklusive Virgin Records, Virgin Airlines, Virgin Express, Virgin Mobile, Virgil Hotels, Virgin Cruises och Virgin Galactic. Nu, ett halvt århundrade senare, har han klättrat upp till nummer 330 på Forbes lista över världens miljonärer, rankad som nummer 12 i Storbritannien, med ett nettovärde på 5 miljarder dollar.

Richard Branson har berättat att en av hans nycklar till framgång är att gå upp tidigt, för att hinna med att läsa och skriva innan alla andra vaknar. Under den tiden skriver han bland annat tacksamhetsbrev till olika människor och han skickar hundratals tackmejl varje år till medlemmar i Virgin-familjen. Detta anser han är en bidragande orsak till de stora framgångarna med Virgin.

WD-40 Company

Det amerikanske Nasdaq-företaget WD-40 Company omsätter 340 miljoner dollar. Redan 2008 började de praktisera tacksamhet, då deras CEO instruerade sina chefer i att leda genom att visa dem fördelarna av att kontinuerligt uttrycka ärlig tacksamhet till sin stab. Cheferna fick fundera ut kreativa sätt för att hjälpa de anställda att förstå hur mycket de bidrog till verksamheten.

Två år senare rapporterade företaget sitt bästa finansiella år någonsin i sin 57-åriga historia och succén har fortsatt: Över det senaste decenniet har företagets marknadsandelar ökat med nästan 300 procent och 99 procent av deras anställda säger att de älskar att arbeta på WD-40 Company.

- Om vår personal vet att vi är tacksamma för dem, kommer vi att skapa en organisation de verkligen vill jobba i och där de vill göra sitt allra bästa, menar CEO Garry Ridge.

American Express

Ken Chenault, tidigare CEO på American Express, berättar om hur han under sina 17 år på företagets ledande post skapade en kultur som fokuserade på medarbetarnas engagemang och att visa tacksamhet för deras arbete. Det har gett goda resultat inte bara bland de anställda, utan även för aktieägare och kunder.

Chenault menar att det finns en missuppfattning om att man som ledare är "snäll" i negativ mening, om man praktiserar tacksamhet i en organisation, men han ser ingen motsättning i att vara krävande och samtidigt uttrycka tacksamhet, ofta och autentiskt.

Southwest Airlines

Tacksamhet är en viktig del i kulturen hos Southwest Airlines, som länge legat högt på Forbes lista över de bästa arbetsgivarna. Ett sätt som företaget uppskattar anställda på, är genom att uppmärksamma speciella händelser i deras personliga liv – från äktenskap och barns examen till sjukdomar i familjen – och uppmärksamma dem med små gester som blommor och kort. Southwest har även gett de anställda aktier i företaget under många år.

> - Vi möter alla olika hinder i vårt liv och vi firar alla olika saker, säger Cheryl Hughey, som under 40 år arbetat som chef för kultur på Southwest Airlines.

Kabinpersonalen på Southwest är kända för att ge tacksamheten vidare till kunderna, genom att underhålla dem under flygningarna. Filmer från detta har spridits på sociala medier, vilket har gjort flygbolaget internationellt känt för sin service, under de senaste två decennierna.

På Southwest brukade man tidigare skicka ut pins till anställda som hade tjänat flygbolaget i ett antal år. Idag skickar de i stället ut pins till ledare och uppmanar dem att hitta kreativa sätt att fira sina medarbetaren på ett speciellt sätt och på så vis förvandla tacksamhet från en ”ansiktslös gåva” till en relationsbyggande upplevelse. Genom att ledarna gör detta, kommunicerar de till de anställda att tacksamhet och välbefinnande är viktigt.

Getty Images

Jonathan Klein, styrelseordförande för Getty Images, har lagt stor möda på att få fotograferna att känna sig uppskattade och bekräftade. Klein berättar att han särskilt ansträngt sig för att lära känna varje fotograf och tacka dem för deras arbete. Inte minst då många av dem riskerar livet för att visa oss andra vad som pågår i världen.

- Alla slåss om de bästa talangerna och nyckeln till framgång är att ha de rätta människorna, säger Klein och menar att man kommer långt med att visa tacksamhet, då det får bra personal att vilja stanna i företaget och uppskattningen leder till större lojalitet.

Lincoln Center

Henry Timms är CEO på Lincoln Center, som omfattar Metropolitan Opera, New York Philharmonic och New York Ballet. Timms menar att det är lätt att se vilka ledare som uppskattar sin personal och vilka som inte gör det, då de som förstår att värdera sina anställda sticker ut från mängden. Han menar att det behövs ett skifte i hela samhället kring tacksamhet och säger att tacksamhet inte ska se som en reaktion på att någon gett oss något, utan snarare en gest som inspirerar människor till handlingar som väcker mer tacksamhet.

Badger Maps

Enligt Steven Benson, grundare och VD för Badger Maps, är hans favoritdel av Badgers företagskultur att visa "tack vare de anställda" varje vecka. De har ett möte med all personal en gång i veckan, där de avslutar mötet med att ge personer i teamet uppskattning för deras prestationer den veckan. Vem som helst i arbetsgruppen kan ge uppskattning till någon annan, vilket främjar en atmosfär av uppskattning och lagarbete. Till exempel kan någon som märkte att en annan anställd gjorde ett bra jobb med en särskilt svår kund, ge ett erkännande till den personen och bekräfta dem inför gruppen för att ha gjort ett fantastiskt jobb.

> - Det är ett bra sätt att vara tacksam på och visa uppskattning som grupp för alla veckans prestationer och se till att alla blir erkända för sina bidrag, menar Benson.

Han berättar att detta har hjälpt dem att bygga ett starkt team och en känsla av gemenskap.

> - Framgången för ditt företag beror på dina anställda. Att skapa en positiv kultur där alla känner sig uppskattade och tycker om att komma till jobbet, gör stor skillnad för att öka medarbetarnas tillfredsställelse och lycka, avslutar han.

Samsung

Samsung uppmanade nyligen sina kunder över hela världen att uttrycka tacksamhet med olika hashtags, för att synas på deras sociala mediekanaler. Samsung sammanställde sedan dessa bidrag till en videomosaik i form av en leende emoji.

Texas Roadhouse

Kent Taylor, grundare och CEO på Texas Roadhouse, har över 600 restauranger, men lägger inga pengar på annonsering. Taylor berättar att nyckeln till framgång är att vara ute i verksamheten och prata med människorna som jobbar där. När han ser en bra idé, skriver han ett personlig tack-meddelande till personen som kommit på den, vilket kan bli ett trettiotal meddelanden varje månad. Taylor ser sin personalstyrka på närmare 60 000 personer som bärande av företagets framgångar och söker aktivt feedback från sin personal. Särskilt de som möter kunderna.

- Vi sätter vår personal först och kunden efter dem. Hur vi behandlar vår personal reflekterar hur personalen behandlar kunderna, säger Taylor.

Han betonar vikten av att flytta fokus och bekräfta människor för dem de är, inte bara deras handlingar.

Best Buy

Hubert Joly, som ledde Best Buy genom en stor förändring som CEO, säger att faran för en ledare är förförelsen av makt, berömmelse, framgång eller pengar. Många framgångsrika ledare vill gärna tro att de är den smartaste personen i rummet och tar gladeligen emot all hjälp de kan få av andra, utan att ge någon credit för det. Det är viktigt att se andras bidrag till ens framgångar och frekvent uttrycka det.

"Det bästa sättet att värma ditt hjärta,
är att värma någon annans hjärta."

Eric Schurenberg, CEO Mansueto Ventures

Glitch

Det Nya Zeeländska tech-företaget Glitch's VD Anil Dash berättar[165] om deras Kiwi Bravos, som kan vara allt från en enkel nick, till någon som hjälpte till med en teknisk utmaning eller offentlig bekräftelse när personalen gjort något utöver det vanliga. På Glitch lyssnar hela företaget när medarbetare offentligt tackar varandra och det kommer ifrån en kultur av tacksamhet.

> - Även när vi döpte om företaget från Fog Creek till Glitch och fokuserade på vår nya produkt, kunde vi bevara kulturen av tacksamhet och låta den växa, säger Dash.

Han menar att denna vana att visa uppskattning är uppriktig, genuint innerlig och rent av rörande.

> - Jag blev otroligt förvånad över de positiva känslor jag kände, när jag såg människor helt enkelt och ärligt, erkänna varandras ansträngningar, berättar Dash.

Han förklarar att dessa uttryck av tacksamhet har skapat en bättre arbetsmiljö för alla medarbetare, ett bättre fokus på saker som gör kunderna nöjda och ännu bättre kommunikation, när människor lär sig nya sätt att göra saker, baserat på vad som ger positiv respons.

Goldman Sachs,

Mark Tercek, som tidigare var chef på investmentföretaget Goldman Sachs, menar att ledare behöver ta sig ur sin självcentrering och bli mer närvarande i nuet.

- När jag är mer uppmärksam och tacksam, blir våra team gladare och alla är mer engagerade, fokuserade och produktiva. Detsamma gäller som partner eller förälder. Det krävs bara disciplin att sakta ner, bli mer närvarande och mer uppmärksam på andra, säger Tercek, som lämnade investmentbranschen för att bli CEO på The Nature Conservancy.

Idemitsu

Det Japanska petroliumföretaget Idemitsu, får årligen in mer än hundra idéer per anställd, utan att erbjuda någon ersättning till dem. Detta eftersom det kan vara svårt att genomföra monetära belöningar för idéer. De anställda bidrar med många bra idéer och de flesta känner en stolthet i att få bidra till företagets framgång.

Den största belöningen för personalen är att idéerna genomförs snabbt och att ledningen tackar medarbetaren offentligt för idén. Det behöver också vara lätt att bidra med sina idéer, till exempel genom en mejadress för förslag, som regelbundet gås igenom av en person som har i uppgift att göra detta, så att det inte glöms bort.

Lucid Software

Karl Sun, som är medgrundare för Lucid Software, ser det som nödvändigt att utöva tacksamhet i sitt företag. I en artikel på Forbes förklarar han vikten av att uttrycka tacksamhet personligt och inte bara följa samma mall för alla. Han uppmanar till att hitta något specifikt för just den aktuella personen. Sun berättar att personalen på Lucid är stora fans av diagram och att de därför skapade ett tacksamhets-flödesschema som en present till alla anställda. Det innehåller en personlig tacksamhet till varje enskild anställd från sin chef och varje anteckning i diagrammet innehåller detaljer om vad den anställde bidrar med till företaget.

- Att ringa in detaljerna gör att det betyder så mycket mer, förklarar Sun.[166]

Blueprint Investment Partners

Tommy Mayes, partner på Blueprint Investment Partners, lärde sig tidigt i livet värdet av att tacka människor som kanske normalt inte får tack. Han arbetade som ung i en livsmedelsbutik i en liten stad, där han engagerade sig i kollegor och kunder, oavsett deras roll eller status. Mayes menar att tacksamhet handlar om mer än att bara säga tack:

- Jag tror att uttrycket av genuint intresse innebär sann tacksamhet för en kollega och förbättrar relationen avsevärt", säger Mayes.

På Blueprint börjar Mayes och hans team varje vecka med att samlas för att dela en sak som var och en av dem är tacksamma för. Övningen är en del av ett försök att utveckla teamets kollektiva emotionella intelligens.

- Mycket har skrivits om emotionell intelligens på individnivå, men jag tror att ökad EQ också händer på teamnivå, förklarar Mayes.

Genom att regelbundet uttrycka tacksamhet i gruppen, odlar Mayes och hans team empati och kan skapa en mer tillitsfull arbetsmiljö.

Simpplr

Dhiraj Sharma som är grundare och VD på Simpplr, menar att anställda vet när tacksamhet är äkta och när det bara är en fasad. Därför är autenticitet en viktig del av att uttrycka tacksamhet på rätt sätt och han strävar efter att vara omtänksam i hur han visar tacksamhet.

- Belöna anställda med roliga upplevelser, inte bara gåvor eller pengar, säger Sharma.

Sharma tror också på att möta medarbetarna där de är, när det gäller att visa dem uppskattning. Han förklarar att några av hans medarbetare älskar offentliga utmärkelser, medan andra vill ha vidareutveckling. Ytterligare andra vill bara ha mer tid tillsammans med sina familjer. Att uttrycka omtänksam tacksamhet kräver att ledare förstår vad som driver sina anställda, menar Sharma och tillägger att denna genuina tacksamhet bör vara en del av varje ledares etos.

BrandFameSchool

Minling Chuang, som är grundare av BrandFameSchool, säger:

- Att bli entreprenör är den bästa formen av självutveckling, särskilt när jag införlivade tacksamhetspraxis i min dagliga rutin.

Hon menar att det finns så många upp- och nedgångar som kommer med entreprenörskap att det är lätt att fokusera på de resultat du inte får eller vad andra gör.

- Jag har märkt att genom att fokusera på tacksamhet, har jag förändrat hur jag ser på mitt företag och framsteg. I stället för att bara se utmaningar ser jag dem som tillväxtmöjligheter. Jag letar efter vad jag kan vara tacksam för mitt i utmaningen, berättar Chuang.

Detta gör det lättare för henne att släppa kampen och öppna sinnet för nya idéer eller inspiration kring hur hon kan lösa problemet. Hon menar att detta synsätt är anledningen till att hon fortfarande är verksam och det har bidragit till att hennes verksamhet har vuxit, år efter år.

- Om jag inte hade haft mitt tacksamhetsutövande, skulle jag förmodligen ha gett upp för länge sedan. Tacksamhet låter mig verkligen se vad som är möjligt. Och jag är så tacksam för denna praxis, avslutar Chuang.

Personiv

David Lesniak, som är VD på Personiv, berättar att han märkt att anställda gör sitt bästa när de känner sig uppskattade.

- Att ge tillbaka till dina medarbetare bygger långsiktig lojalitet mot företaget och att visa personalen att de är uppskattade, gör dem till varumärkesambassadörer med en passion för företaget, förklarar han.

Lesniak menar att detta oundvikligen leder till nöjda kunder och tillväxt. Att tacka medarbetare inför sina arbetskamrater regelbundet, är en del av hans strategi för att investera i människorna omkring honom.

- Som företagsledare prioriterar jag medarbetarnas välmående och anser att ett starkt fokus på de anställda är avgörande för företagets hälsa, säger Lesniak.

En del av det fokuset är att ge medarbetarna meningsfulla teambuilding-upplevelser. Varje år tar han sina anställda till bergen för att fokusera på kamratskap och teamwork. Senast besteg gruppen Mount Kilimanjaro och den årliga upplevelsen är bara en del av Personivs fokus på att bygga en kultur som medarbetarna verkligen vill vara en del av.

”Tacksamhet sparar pengar och kostar ingenting”

Dr Justin Wood, professionell medlare och Teologie doktor med en bakgrund inom business management och computer programming, berättar för den Kanadensiska radiostationen CJME om hur han för några år sedan fick ansvaret för en restaurang som inte hade mycket att göra. Wood fick en liten frukostbesättning och en lista på sysslor som ”var en mil långa” att utföra före klockan 11. Efter ett nedslående möte om att stänga av frukosten, funderade han desperat på någon lösning. Det slog honom då att kunderna gillade att känna sig uppskattade och han utmanade sin personal att få varje kund att känna tacksamhet, eftersom utan kunderna skulle de alla behöva leta efter nya jobb.

> - I slutet av månaden hade jag fördubblat förra månadens intäkter. I slutet av kvartalet satte jag ett nytt rekord. Ett leende, ett tack, en resa med färskt kaffe var allt som krävdes för att visa vår tacksamhet för deras besök och hur vi uppskattar deras verksamhet, berättar han.

Wood berättar att de idag behåller en högre andel kunder. Detta kostar dem mindre i marknadsföring och dessa kunder berättar för andra om deras tjänster. Tacksamhet sparar dem pengar och kostar ingenting, förutom deras engagemang.

Catalyst

Sara Dahan är Community Strategist, grundare och VD på Catalyst, där hon också har arbetat hårt för att göra tacksamhet till en grundpelare i företagets kultur. Genom att regelbundet visa sin tacksamhet till de anställda, har hon hållit dem passionerade och motiverade. Hon uppskattar även när medarbetarna gör detsamma gentemot henne, eftersom det hjälper henne att förstå vilket ledarskap som de uppskattar mest. På Catalyst är tacksamhet inte bara ett internt initiativ, utan det påverkar också kundinteraktioner.

BlockchainBTM

Victoria Brodsky är medgrundare till BlockchainBTM. Hon leder team som mest arbetar på distans och hon strävar efter att få ut det mesta av den begränsade tid hon får med anställda varje vecka, via videosamtal eller personliga möten. För Brodsky och hennes medarbetare är en viktig del av att uttrycka tacksamhet att se till att varje individ känner att hans eller hennes röst hörs, och det avgörande är att det får konsekvenser:

> - Vi följer alltid upp varje samtal, möte eller händelse med ett ”tack”, även om det kanske inte finns en specifik åtgärd, säger hon.

Enligt Brodskys erfarenhet innebär ett gott ledarskap att visa tacksamhet.

> - När du uttrycker tacksamhet mot dina medarbetare och affärspartners, visar du dem att du vill att de ska vara där och att du ser och uppskattar det goda arbete de gör, säger hon.

Exempel från vården

Medan vårdsektorn ständigt kämpar för att motverka sjukskrivningar och utbrändhet, finns det spännande exempel som har använt sig av innovativa metoder som tacksamhet.

- Tacksamhet hjälper oss att hantera stressiga upplevelser, genom att påminna oss om vad som är positivt i våra liv, mitt i lidandet vi arbetar i", säger Joel Wong.

Wong leder programmet för rådgivningspsykologi vid Indiana University, Bloomington och har studerat de psykologiska fördelarna med tacksamhet. Han anser att tacksamhetsutövande kan vara oerhört relevant och användbart för vårdpersonal, som behöver hjälp med att komma tillbaka från stressen och utmaningarna de möter i sina jobb.

Inspirerad bland annat av dessa forskningsrön, har vissa hälso- och sjukvårdsbolag undersökt sätt att främja mer tacksamhet inom sina organisationer, till förmån för deras medicinska leverantörer, personal och patienter. Deras erfarenheter vittnar om fördelarna med tacksamhetsutövande inom hälso- och sjukvården och kan förhoppningsvis inspirera andra sjukvårdsorganisationer som vill minska sjukfrånvaron, förbättra patientupplevelsen och öka trivseln på arbetsplatsen genom praktiserandet av tacksamhet.

Sutter Health

Sutter Health är ett nätverk av läkare och sjukhus som betjänar mer än 100 kommuner i hela norra Kalifornien. Sommaren 2016 inledde

Sutter Health en två månader lång kampanj med tacksamhetstema. Kampanjen, organiserad som en gemensam insats mellan organisationens personalstödsprogram och deras avdelning för Health and Wellness Operations, gav mer än 55 000 anställda möjligheten att lära sig mer om fördelarna med tacksamhet och att prova olika sätt att utöva tacksamhet i sina dagliga liv.

Aktiviteterna inkluderade ett webbseminarium om vetenskapen kring tacksamhet, ”tacksamhetsutmaningar” som uppmuntrade uttryck av tacksamhet genom att skriva dagbok och inlägg på tacksamhetstavlor i pausrum, videor som rapporterade om fördelarna med tacksamhet, ett symposium för Sutter Health-chefer för att öka medvetenheten om tacksamhetens relevans för deras arbete, och till och med lysande tacksamhetsarmband som fungerade som påminnelser om varför man ska utöva tacksamhet.

Michael Streby, friskvårdskoordinator på Sutter Health som hjälpte till att organisera kampanjen, säger att han fortfarande bär sitt armband, flera år senare. Han berättar att personalen redan hade en del kunskap om friskvård, men att just tacksamhet gav många ett ”aha”-ögonblick. Särskilt när de pratade om trötthet och utbrändhet på arbetsplatsen. Att utbilda människor om tacksamhet på arbetsplatsen hade ett verkligt värde, menar han och tillägger att tacksamhetskampanjen hjälpte till att bana väg för ytterligare arbete som Sutter Healths ledning gör, för att ta itu med utbrändhet.

- Vi fick mycket positiv feedback på vårt managementsymposium om tacksamhet, säger Streby. ”Det finns en systemomfattande grupp inom Sutter Health som arbetar med att lindra utbrändhet bland vårdgivare, och våra ledare har insett att tacksamhet är en viktig praxis som kan användas.”

Kaiser Permanente

Vårdleverantören Kaiser Permanente betjänar för närvarande cirka 11,8 miljoner medlemmar med verksamhet i åtta regioner över hela USA, med en arbetsstyrka på nästan 285 000 anställda, sjuksköterskor och läkare. Kaiser Permanente har också främjat tacksamhet som ett sätt att ta itu med utbrändhet och stärka arbetsstyrkans hälsa, som *Greater Good Sience Center, Berkley University* berättar om i en rapport.

Personal från Kaiser Permanentes "personalhjälpsprogram" har i samarbete med organisationens Healthy Workforce-team spridit tacksamhetsövningar på en mängd olika sätt. De har bland annat använt ett "tacksamhetsträd" bestående av stora pappersträd som hängts upp på sjukhus och vårdcentraler, där man uppmuntrat människor att skriva och sätta upp post-it-lappar (i form av löv eller äpplen) om saker eller människor som de är tacksamma för. Ibland har människor uttryckt tacksamhet för något en kollega eller anställd gjort; andra gånger tackade människor sin familj eller uttryckte tacksamhet för saker de bevittnat eller stött på i sitt dagliga liv.

Kelvin Gobble, ledande projektledare för Kaiser Permanentes program för personalassistans (EAP), berättar att de fått enormt mycket entusiasm och engagemang från deras personal och många upplevde det som ett enkelt och konkret sätt att uppleva och uttrycka tacksamhet.

Kaiser Permanentes EAP delade också ut flyers och affischer med tacksamhetens fördelar till personalen. De fick även post-it-block med tryckta meddelamden som "Jag är tacksam för . . ." Syftet var att göra det så enkelt som möjligt för personalen att reflektera över tacksamhet och uttrycka den till någon annan. Kaiser Permanente samarbetade även med Greater Good Science Center för att sprida tacksamhet genom 21-dagars tacksamhetsutmaningar, där deltagarna uppmuntrades att lägga märke till och anteckna människor och saker de var tacksamma för under en treveckorsperiod. De fick därefter dela med sig av detta till sina kollegor. Nästan 400 Kaiser Permanente-medarbetare deltog under 21 dagar, även om målet var att uppmuntra ett ännu bredare engagemang. Enligt Jerry O'Keefe, Kaiser Permanentes nationella EAP-direktör, är den största utmaningen att sprida budskapet om tacksamhetsprogram och få fler ledare och chefer att träna med sin personal.

- Med vetenskapen som nu bekräftar praktiken av tacksamhet, växer intresset, säger han och fortsätter:

- Vi vill bygga upp medvetenhet kring fördelarna med att utöva tacksamhet och vi vet idag att dessa metoder kan fungera som verktyg för att öka motståndskraften mot bland annat utbrändhet.

Scripps Health

I San Diego, Kalifornien, har Scripps Health vidtagit åtgärder för att skapa ett brett engagemang för en kultur av tacksamhet, året runt.

Organisationen omfattar fyra sjukhus på fem campus och ett nätverk av öppenvårdscentraler och kliniker. Även om det inte är en av de största organisationerna, med 3 000 anslutna läkare och 15 000 anställda, har Scripps visat att det fungerar att sprida tacksamhet genom hela verksamheten i ett hälso- och sjukvårdssystem.

Genom en bekräftelseplattform online blir det möjligt för personalen att skicka meddelanden om uppskattning och tacksamhet till varandra. De har också ett elektronisk ”wall of fame”, där de kan tacka personal som gör sina jobb bra och uppmuntrar tacksamhet genom ett system med poäng som personalen kan lösa in mot gåvor och förmåner. Plattformen är skapad för personalen, men även patienter kan uttrycka tacksamhet för den vård de får, i form av handskrivna kort som sedan matas in i systemet.

Paul Randolph, chef för Scripps personalhjälpsprogram, säger att Scripps Health vill fånga upp tacksamhet i sitt onlinesystem, även när den bara uttrycks på språng.

Randolph berättar att personalen som ger vård kanske inte alltid kommer till en dator. Därför har man lagt ut kort som personalen lätt kan använda för att skriva ner sin tacksamhet på för hand. Korten tas sedan upp på möten och matas därefter in i det elektroniska systemet. Scripps omfattande tillvägagångssätt för att främja en kultur av tacksamhet tar också formen av professionella utvecklingsprogram, som lär ut vikten av att bygga in tacksamhet i ledarskap och ledarstilar, såväl som anslagstavlor i alla medicinska anläggningar där patienter eller personal offentligt kan publicera sin tacksamhet till andra Scripps-anställda.

Randolph berättar att en viktig del av framgången med att odla tacksamhet, är att göra det rutinmässigt och enkelt för människor att dela sin uppskattning för varandras ansträngningar i realtid, så att det blir en del av kulturen.

Baptist Hospital

När Quint Studer blev chef på Baptist Hospital i Florida, parkerade han inte på sin reserverade plats precis utanför sjukhuset, utan på personalparkeringen en bra bit bort, berättar Forbes i en atrtikel. På så vis fick han möjlighet att byta några ord med personalen på väg till och från sjukhuset och personalen kunde berätta vad de tyckte fungerade dåligt och vad som kunde förbättras på sjukhuset. Genom att uppmärksamma deras idéer på förbättringar och även genomföra några av dem, spreds ryktet snabbt på sjukhuset om att Studer lyssnade på personalen och även uttryckte tacksamhet till dem

Baptist Hospital i Florida rankades en tid efter att Studer börjat, som en av de bästa platserna att arbeta på enligt Forbes Magazine. Men det påverkade inte bara personalen: även kunderna blev nöjdare och från att den legat mellan 9:e och 40:e percentilen, gick den upp till 90:e.

Apex Heart and Vascular Care

Shah, MD, är grundare och direktör på Apex Heart and Vascular Care. Som interventionell kardiolog arbetar Shah ibland med några väldigt utmanande kliniska fall. Affärsfrågor bleknar vanligtvis i jämförelse med de på-liv-och-död- scenarier som han möter dagligen, när han behandlar patienter. Hans erfarenheter har påmint honom om att vara tacksam för resan, inte bara resultaten.

- Människor fokuserar på hur de kan få tillväxt i sin verksamhet, men de glömmer ofta att vara tacksamma för var de är och var de började från, säger Shah.

Han registrerar sin tacksamhet i en dagbok, som fungerar både som en personlig påminnelse om att vara tacksam och en påminnelse om hur långt han och hans team har kommit som vårdgivare. Han ser till att medarbetarna uttrycker uppskattning mot varandra för även de minsta prestationerna och tror att affärstillväxt alltid måste föregås av personlig utveckling. För Shah resulterar skapandet av en kultur av stöd och tacksamhet i mer effektivitet, bättre relationer med patienter, en mer självsäker arbetskraft och absolut öppenhet och ägande av varje uppgift.

Din egen tacksamhet

Hur du utvecklar din förmåga att känna tacksamhet

I tidigare kapitel har jag beskrivit vad tacksamhet är och varför man ska vara tacksam. I detta kapitel kommer jag att berätta hur du själv kan uppleva tacksamhet. För tacksamhet handlar om att känna och att vara i den känslan så ofta som det går. Det går inte att lära ut tacksamhet eller öka tacksamheten på arbetet – eller i ditt eget liv – om du inte känner äkta och innerlig tacksamhet, hur många listor och brev du än skriver. Det gäller även när du ska uttrycka tacksamhet; om det inte kommer ifrån en autentisk och innerlig känsla av tacksamhet, kommer det inte att uppskattas.

Kanske känner du dig inte alls tacksam och är osäker på hur du ska kunna göra det. Var inte orolig: det går att träna upp ditt tacksamhetssinne och ju oftare du övar på det, desto mer kommer du att känna tacksamhet och se fördelarna med det i ditt liv. Tacksamhet är ett förhållningssätt som du aktivt väljer. Kanske har du lättare att vara missnöjd än tacksam? Som jag beskrivit tidigare, beror det på att vi är programmerade till att fokusera på det negativa, eftersom det evolutionärt har hjälpt oss att upptäcka faror och överleva. De som har varit bäst på att se risker är de som har överlevt, vilket genom århundraden har format oss till att tänka i negativa banor. Idag, när vi inte möter samma sorts faror, blir det i stället ett hinder för oss att njuta av allt välstånd och överflöd som många av oss besitter. Men det är bara en fråga om övning.

Efter en tids praktiserande kommer du märka att du naturligt uppmärksammar fler saker att vara tacksam för, vilket kommer att bidra till många positiva förändringar i ditt liv. Som jag beskrivit i kapitlet *Varför ska man vara tacksam?* kommer du troligen att känna dig på bättre humör, sova bättre, uppleva mindre stress, se att dina relationer förbättras och att fysiska sjukdomssymtom minskar.

Genom att göra något upprepande gånger, bygger vi upp nya kopplingar i hjärnan som gör att det blir lättare och lättare för varje gång. Till slut kommer dessa kopplingar att vara så starka att det blir en naturlig del av din personlighet att känna tacksamhet.

"Uppskatta livet och du kommer finna att du får så mycket mer att vara tacksam för"

Ralp Marston

Som jag tidigare beskrivit, definierar forskarna uppskattning som förmågan att erkänna det goda i livet – med andra ord, se det positiva i händelser, upplevelser eller andra människor Men tacksamhet går ett steg längre: En tacksam person inser att de positiva sakerna i våra liv –

som framgång på jobbet – ofta beror på krafter utanför oss själva och särskilt andra människors ansträngningar. Vi tänker kanske bara inte på vilka som bidragit till våra framgångar. Det enklaste sättet att uppleva tacksamhet är att skriva tacksamhetslistor. Gör det gärna vid samma tidpunkt varje morgon, så att du får in en vana. Till exempel direkt när du vaknar eller medan du äter frukost. Det går förstås lika bra att göra det på kvällen, även om vissa studier visade ett mer positivt resultat när deltagarna skrev på morgonen. Troligen för att du då sätter en "ton" för dagen som är mer positiv, än om du inleder morgonen med att läsa mejl, scrolla sociala medier eller titta på nyheterna.

Genom att starta dagen i tacksamhet, ökar sannolikheten att du behåller detta mindset – sinnestillstånd - genom din dag. Det är också troligare att du sprider det till andra omkring dig. Inte minst genom att de kommer att observera hur du utstrålar mer tillfredsställelse och blir inspirerade av det.

Vad är jag tacksam över?

För de flesta kommer familj och vänner överst på listan och sedan kanske hälsan, särskilt om du har haft fysiska utmaningar i ditt liv. Kanske är du tacksam för att du har det jobb du har? Fundera på hur du fått jobbet – alla som har bidragit på ett eller annat sätt till att du kommit dit. Kanske är även dina antagonister en bidragande orsak till det? En tidigare chef som inte såg och uppskattade dig kanske var det som fick dig att söka dig vidare.

Om du funderar på allt du åstadkommit på din nuvarande arbetsplats, vika har bidragit till det? Kanske är det alla som arbetar i det tysta och inte gör så mycket väsen av sig, men vars insatser är en förutsättning för dina framgångar. Eller medarbetare omkring dig som utför dina order. Visst är det dina uttänkta strategier, men de skulle inte vara något värda om inte kompetenta personer utförde dem. Har du tackat dem för det?

Många nämner sina barn i tacksamhetslistorna och troligen har du även ett hem, ett arbete, vänner, mat i kylskåpet, kanske pengar på banken, en frisk kropp, varmt vatten i duschen?

Ju mer du skriver, desto fler saker kommer du att komma på, som alla inte kan ta för givet; tänk på alla delar i din kropp som fungerar utmärkt, utan att du reflekterar över det dagligen. Du kanske har synförmåga, hörsel och kapacitet till abstrakt tänkande. Alla har inte det. Troligen har du människor i ditt liv som bryr sig om dig och tänker på dig. Föreställ dig hur ditt liv skulle vara utan dem. Det är inte självklart för alla och många människor lider av ensamhet. Minns du den senaste gången du var sjuk eller hade ont? När vi blivit friska igen glömmer vi snabbt hur det var, men det finns många människor som lever med konstanta smärtor och spenderar dagarna med att försöka uthärda dem.

Tänk på alla som fått en dödlig diagnos och vet att dagarna är räknade. Förhoppningsvis tillhör du inte dem, utan har många dagar framför dig som du kan åstadkomma något bra med. Just i detta nu, när du läser detta, drar tusentals människor på jorden sitt sista andetag. Du inte är en av dem. Du har ännu livet kvar.

Tacksamhetsdagbok

Tänk först igenom din dag eller dagen innan, om du skriver på morgonen; hände det något särskilt bra? Var det någon stund under dagen som du hade en positiv känsla? Vad var det som väckte den känslan? Skriv ner det. Efter det kan du skriva ner 10 saker som du är tacksam för i ditt liv. När du skriver ner det som först kommer upp i ditt huvud, funderar du på *varför* du är tacksam för det och antecknar det vid varje punkt. Det gör ingenting om det är samma saker du skriver varje dag, bara inte denna övning blir ytterligare en uppgift på dagens "to do-list" som du checkar av. Det viktiga här är att du försöker komma i kontakt med *känslan* av tacksamhet, när du tänker på de saker du är tacksam över i ditt liv.

Ge inte upp om du inte känner något – det tar tid att lära hjärnan något nytt, men för varje gång kommer det att gå lättare. Börja med det som lättast för dig i kontakt med känslan av tacksamhet, så blir det enklare att känna tacksamhet även inför de kommande punkterna. Till slut är det en naturlig del av dig att känna tacksamhet. Då kan du på allvar säga att du har transformerats.

Här är 4 tips för att börja föra tacksamhetsdagbok:

1) Reflektera över personer, upplevelser och annat som är meningsfullt i ditt liv.
2) Beskriv specifikt varför du är tacksam för personen, upplevelsen eller andra saker som du har. Man kan även vara tacksam för saker som ska komma att hända.
3) Beskriv hur du har gynnats och identifiera de handlingar och eventuella uppoffringar som gjorts för din skull.
4) Skriv varje dag och helst vid ett bestämt tillfälle eller klockslag.

Tacksamhetsbrev

En metod som ofta nämns i forskningsstudier är tacksamhetsbrev. Det innebär att du skriver ett brev till någon som du känner tacksamhet för.

Det kan vara en nära person eller någon som du beundrar på avstånd, som har betytt något för dig och det behöver inte ens vara en levande person. Försök komma på allt du vill säga till denna person och varför du är tacksam; vad den har inneburit för dig i ditt liv.

Kanske vill du skriva ett tacksamhetsbrev till en lärare från mellanstadiet, eller en gammal släkting som haft en särskild plats under din uppväxt. Om du har möjlighet, kan du ge tacksamhetsbrevet till personen eller till och med läsa upp det. Du kan också bara läsa det högt för dig själv eller för någon person som står dig nära, men det fungerar även om du inte delar det.

Läka problematiska relationer

Tacksamhet kan också vara ett effektivt sätt att läka problematiska relationer. Fundera på om det finns någon person som du har en konflikt med, eller någon annan utmaning du har eller har haft i en relation. Det kan även vara någon som du inte längre har kontakt med eller som till och med är död. Denna övning handlar om att hela det som behövs läkas i dig och den andre behöver inte alls vara involverad. Skriv ett brev till personen, där du uttrycker vad du är eller har varit tacksam för med er relation.

Även om du inte kommer på en enda sak, kan du till exempel vara tacksam för att personen fått dig att inse vilka kvalitéer du själv har och att du är tacksam för att din moraliska övertygelse gjort att du inte agerat på samma sätt som personen gjorde. Kanske bidrog den till att du gjorde värdefulla insikter. Om du inte kommer på något bra med situationen, kan du i alla fall konstatera att upplevelsen har gjort dig till den person du är idag. Hade du velat vara någon annan?

Tre bra saker

En annan tacksamhetsövning går ut på att skriva ner tre saker som har gått bra under din dag och beskriva varför. Glöm inte de små sakerna, som du kanske inte ens reflekterat över: Vad har fått dig att må bra idag? Se om du kan minnas en positiv känsla du känt under det senaste dygnet och fundera över varför du är tacksam för denna känsla.

Det kan vara ett möte med en främling på gatan, eller i mataffären. Kanske höll någon upp dörren för dig med ett leende. Var kände du då? Vi kan välja att se händelser som "slumpen", men vi kan också välja att känna tacksamhet för dem. Det kan vara en sådan enkel sak som att en bil precis lämnade den överfyllda parkeringsplatsen, där du behövde parkera, för att hinna handla till den planerade middagen om några timmar. Ta det tillfället att öva på tacksamhet. Ge dig själv några sekunder att känna tacksamhet för att du fick en parkeringsplats.

Börja med en vecka

Välj ut den metod som känns lättast för dig att utföra och gör den varje dag under en veckas tid. Genom att inte ha så stora ambitioner i början, är det lättare att klara utmaningen. En vecka är trots allt bara 7 dagar. Om det känns bra, kan du fortsätta ytterligare en vecka. Försök att hitta en bestämd tid på dagen då du utför övningen. Med en bestämd tidpunkt blir det lättare att komma ihåg att göra det. Jag skriver själv ner saker jag är tacksam för varje morgon, då jag äter frukost. Det blir en naturlig ritual att starta dagen med och en fin stund som jag kopplar till min frukost.

Hur skriver man?

Skriv vad du är tacksam för och varför du är tacksam för det. Det som alltid kommer först i min tacksamhetsdagbok är mina barn:

> *Mina barn – jag är så tacksam för mina barn som gett mitt liv en helt ny mening. Det går inte en dag då jag inte är tacksam för att ni finns och ni har lärt mig så mycket, inte minst vad ovillkorlig kärlek är. Tack för att (min äldsta son) skrev till mig på Messenger igår! Jag blev så glad och kände så mycket kärlek. Tack för att (min yngsta) ringde mig från Berlin i söndags. Jag blev så tacksam bara över att få höra hans röst.*

Negativa upplevelser som en källa till tacksamhet

Jag upplevde en gång en 30 timmars resa från Stockholm till Texas med flera flygplansbyten och förseningar, där jag inte bara blev utan min förbeställda vegetariska mat på den längsta flygresan, utan det var även nötallergiker på planet, så att jag inte kunde äta mina medhavda nötter som jag alltid har i reserv.

Hela resan satt jag inklämd mitt i en rad med fem säten, där det var omöjligt att få en stunds sömn. Under den flygresan längtade jag så innerligt efter att bara få sträcka ut mig och ligga ner någonstans, att jag hade gjort vad som helst för det. Den ofrivilliga fastan bidrog nog också till min utmattning, då jag klivit upp klockan 3 på morgonen och inte ätit på en hel dag.

Efter denna upplevelse känner jag alltid tacksamhet när jag lägger mig i min sköna säng och idag har jag aldrig några insomningsproblem längre. Varje gång jag sträcker ut mig i sängen, minns jag de hemska timmarna i flygplanet och på så vis kan jag även känna en stor tacksamhet till upplevelsen på flygplanet, som ledde mig till att mer uppskatta det jag har. Relationer kan ofta vara en källa till frustration, men även här kan man använda sig av tacksamhet:

> *Tack för min relation till X som visat mig vem jag är och framför allt vem jag inte är. Genom att se hur X agerat, har jag fått en tydligare moralisk kompass. Jag är också tacksam över att jag för varje dag som går, kan släppa taget om vår konflikt och fokusera på de positiva sakerna i mitt liv.*

Du kan också titta på specifika delar av ditt liv och se om du kan hitta möjligheter till tacksamhet. Till exempel ditt jobb:

> *Jag är tacksam för att jag fick detta jobb, för de som hjälpte mig att få det, rekryteraren som valde mig och mina referenser som trodde på mig. Jag är även tacksam mot ledningen, som valde mig bland alla kandidater. Tack för möjligheten att utvecklas i de svårigheter jag upplever, vilket kommer att göra mig till en bättre chef. Tack för förtroendet från mina medarbetare att leda dem.*

Att regelbundet tacka din familj och vänner stärker era relationer. Kanske har du ibland tagit dem för givet? Genom att tacka dem varje morgon i din lista, kommer du inte bara att öka tacksamheten i ditt liv, utan du kommer även troligen att förbättra er relation, enligt forskningsstudier. Du kan till exempel skriva:

> *Tack för min relation till min partner, som finns där varje dag och bryr sig om hur jag har det. Tack för att du är en del av mitt liv, det är inte självklart och det ger mig en stor trygghet att du finns.*

Efter att du fått in en vana att skriva tacksamhetslista, kan du även börja uttrycka tacksamhet mer till dem omkring dig: Berätta för din partner, barn eller vänner att du uppskattar att de finns i ditt liv. Det behöver inte göras under särskilda former.

Börja med att uttrycka små meningar av tacksamhet spontant. Kanske när ni skils åt på morgonen eller när du träffar vänner som du inte sett på ett tag. Det kan räcka med ett: ”Vad jag är tacksam för att du finns i mitt liv!”

Alla osynliga hjälpare

Kanske blir du även mer uppmärksam på andra människor omkring dig; personalen i mataffären som sitter där varje dag för att vi ska kunna få mat på bordet, busschauffören som kör oss till jobbet, personal inom vården, som tar hand om oss då vi blir sjuka. Tänk på när den första snön faller och snöröjarna ger sig ut mitt i natten för att vi ska kunna komma fram på vägarna på morgonen. Alla dessa osynliga servicefunktioner som verkar för att vi ska kunna få en bra vardag. De är värda vår tacksamhet.

Jag känner en djup tacksamhet varje gång jag ser en ambulans på utryckning och tänker på personalen som jobbar dag och natt för att rädda liv. En av mina närmaste vänner är ambulanssköterska och jag tänker på hur många gånger hon hanterat hjärtstopp och hjälpt människor att överleva.

Jag har även en närstående som är polis och som vigt sitt liv för att vi ska kunna känna oss trygga, ibland genom att riskera sitt eget liv. Tänk om ingen ville göra det? Så många samhällsfunktioner att vara tacksamma för, som vi ofta tar för givet.

Hitta källor till tacksamhet

Det jag upplever är den största förändringen i mitt liv, sedan jag införde tacksamhet som en daglig rutin, är att mitt perspektiv på livet och mina medmänniskor förändrats. Idag ser jag ideligen möjligheter till att vara tacksam: När en kopp ramlade ner från hyllan i köket, kände jag en stark tacksamhet för att den inte gick sönder eller ramlade på skålen med yoghurt och nötter som jag just förberett, eller att jag hann med bussen mot alla odds och kom i tid till ett viktigt möte.

Enkla saker som vi inte reflekterar över, eller bara kallar "tur" – om vi ens uppmärksammar dem – kan vara en källa till tacksamhet. Efter en tid kommer din hjärna att ha plöjt upp nya hjulspår och tankar av tacksamhet kommer att infinna sig automatiskt. Som en respons på dessa tankar, kommer du oftare att uppleva känslor av välbefinnande och lycka – helt enkelt eftersom tacksamhet ökar produktionen av lyckohormon som serotonin och dopamin.

Hälsan

Vår hälsa kan vara en källa till att känna tacksamhet och ofta är det först när vi inte har hälsan som vi uppskattar den, eftersom vi tar den för givet. Jag träffade en gång några före detta patienter, som genomgått hjärtkirurgi på ett sjukhus i Sverige. En kvinna berättade att hon kunde börja gråta av glädje bara för att hon var vid liv, efter att ha fått 51 påsar blod under operationen.

- Tänk att de inte gav upp efter den 50:e påsen! Utbrast hon med tårarna rinnande.

Det var en fantastisk upplevelse att få träffa dessa människor, som varit så nära döden, och se hur tacksamma de var. Mitt uppdrag var att ordna ett möte mellan dem och personalen på sjukhuset, som sällan får träffa patienterna efter operationerna. Alla var helt tagna av patienternas berättelser och den enorma tacksamhet de uttryckte till personalen för att de räddat deras liv.

Hittar vi ingenting annat att vara tacksamma för, kan vi alltid vara tacksamma för vårt liv. Kanske har du många år framför dig, då du kan vara med din familj och dina vänner, göra saker du njuter av i livet och utföra något på jorden.

Ett tips för att komma igång med tacksamhetsövningen är att köpa en fin tacksamhetsdagbok som du kan ha bredvid sängen. På så sätt blir du påmind om att skriva varje kväll då du går och lägger dig. Att du tycker om utseendet på boken kan också öka chansen för att du kommer skriva i den. Men det går precis lika bra att skriva till exempel i mobilens app för anteckningar eller att skriva på datorn. Anteckna gärna direkt efter att du upplevt något, så att du inte glömmer bort det.

Skapa rutiner för tacksamhet

Det finns olika tacksamhets-appar som du kan ladda ner på mobilen. Dessa appar har ofta funktionen att den påminner dig vid samma tid varje dag om att skriva vad du är tacksam för. Du kan också lägga in en tid i din kalender varje dag, då du skriver tacksamhetsdagbok.

Jag hade i början ett larm som ringde varje timme, för att påminna mig om att ha ett tacksamt perspektiv. Som larmsignal hade jag satt vacker musik från min musikspelare, som omedelbart fick mig i rätt känsla. Som jag nämnde tidigare kan det vara bra att koppla ihop tacksamhetsövningen med en annan vana. Till exempel att du varje gång du borstar tänderna, tänker på vad du är tacksam över, för att sedan skriva ner det innan du somnar. En tacksamhetsövning behöver dock inte skrivas ner, men det blir mer effektivt om du gör det och det kan vara fint att se tillbaka på vad du skrivit tidigare. Det viktigaste är dock att du regelbundet reflekterar över vad du är tacksam för – och framför allt att du känner det!

Tacksamhet stärker relationer

Investera i de relationer som är viktiga för dig och försök att ge utrymme för mer kvalitetstid med din familj och dina vänner. Kanske kan du införa en stund av tacksamhet med dina nära; att någon dag i veckan bara kontemplera tillsammans över vad ni är tacksamma för. Förr i tiden bad man bordsbön, där man tackade för maten och i USA firar man Thanksgiving, där man tackar för livets gåvor.

Vi har sedan länge tagit hit Halloween från USA, men det kanske är dags nu att införa Thanksgiving i Sverige? Vi vet från forskningen att tacksamhet stärker och förbättrar relationer. Ett förslag är att varje kväll, innan ni somnar, uttrycka till din partner vad du är tacksam över med denne och be den att göra samma sak till dig. Om du har barn, kan du berätta vad du är tacksam för med dem, innan de somnar. Om du inte har barn, kan du skriva till en vän och berätta vad du är tacksam för med er relation.

Du kan också fråga en nära vän eller släkting ifall den vill göra en 21-dagars utmaning med dig, där ni varje dag skriver en mening av tacksamhet och delar med varandra.

Tacksamhet och givande

Ett annat sätt att uppleva tacksamhet kan vara att engagera dig i något typ av frivilligarbete, som till exempel ledare för barnens idrottslag, dela ut mat till hemlösa eller att sitta i en stödlinje för hjälpbehövande. Forskning visar att det inte bara är när vi får något som vi upplever tacksamhet, utan även när vi får ge. Det kan skänka en stor tillfredsställelse att få hjälpa.

Ett av de bästa sätten för att flytta fokus och må bättre när du känner dig nere, är att fokusera på någon annan. Ring en vän och fråga hur den mår. Att bara lyssna med medkänsla på en annan människa, gör att vi kan släppa våra egna problem för en stund. Försök att öka tillfällena under din dag då du känner tacksamhet.

Som jag skrivit tidigare, kan du börja leta möjligheter att känna tacksamhet genom små händelser som du tidigare ansett vara obetydliga. Det viktigaste är att du gör det och gör det ofta och regelbundet.

Vill du få hjälp med tacksamhetspraktiserandet eller veta mer om tacksamhet? Gå in på www.tacksam.nu.

Efterord

Jag hoppas att denna bok gett dig inspiration till ett mer tacksamt liv. Det är så lite som krävs, det kostar ingenting och det ger så mycket tillbaka. Om du bara har med dig en enda sak ifrån denna bok, så hoppas jag att det är att starta ditt eget tacksamhetspraktiserande. Tacksamhet kan på ett ögonblick förändra ditt perspektiv ifrån brist till överflöd, oavsett hur mycket eller lite du har. Låt glaset alltid vara halvfullt i stället för halvtomt.

"Att tacka för överflöd är större än överflödet i sig."

Rumi

Om du frågar dig varför du ska göra det här och tänker att du inte har tid, eller att du ska göra det en annan gång, kan jag råda dig att läsa kapitlet *Varför ska man var tacksam?* en gång till, där jag redogör för forskningsresultat av tacksamhetspraktiserade. Du kommer att märka en skillnad i ditt liv och om du inte skulle vara uppmärksam på det, så kommer människor omkring dig att märka det. Sannolikt ser du att dina relationer förbättras och du kommer att känna dig gladare. Om vi är många som gör detta till en vana, kommer ännu fler att påverkas positivt. På så vis kan tacksamhetsutövande bli transformerande för hela samhället. Men det behöver börja inom oss själva; hur vi väljer att förhålla oss till livet.

Jag är tacksam för att du läst detta!

Varma hälsningar från Lou

Verktyg för att mäta tacksamhet

Ett förslag, när ni ska implementera tacksamhet på arbetsplatsen, är att först mäta hur tacksamma personalen är innan ni börjar. Då kan ni också se om övningarna har haft någon effekt. Förslagsvis utför ni mätningen bland personalen innan ni ens pratat om att praktisera tacksamhet och följer upp mätningen efter en månad och sedan efter ett halvår igen.

Ni kan förstås utveckla egna verktyg för att mäta tacksamheten på jobbet, eller använda de metoder ni använder för att mäta medarbetarnas trivsel på arbetsplatsen, före och efter att ni börjat praktisera tacksamhet.

Mätningar

Det är bra om enkäten är anonym, till exempel genom att skicka ut en länk till ett digitalt verktyg (finns många kostnadsfria), eller använda en enkät utan namn, som samlas in i en brevlåda, om ni inte har tillgång till digitala verktyg. På kommande sidor presenterar jag några vedertagna verktyg för att mäta tacksamhet och instruktioner till hur ni gör.

1. **GAWS skala**[167]
2. **En kvalitativ mätning av tacksamhet på jobbet**
3. **Mätning av tacksamhet i allmänhet**
4. **En klassisk kvantitativ metod för att mäta tacksamhet**

1. GAWS skala[168]

GAWS – Gratitude at Work Scale, har använts i många studier. Siffrorna i varje kolumn räknas samman, för att få en uppfattning om de enskilda medarbetarnas upplevelse av tacksamhet.

Vill man få en uppfattning av organisationen som helhet, kan de svarande bara sätta ett kryss i respektive kolumn och man ser då hur många procent som valt de olika alternativen.

I digitala verktyg som Microsoft Forms, Surveymonkey och liknande, räknar programmet ihop procentsatser.

Räkna 1 poäng för Aldrig, 2 poäng för Sällan, 3 poäng för Ibland, 4 poäng för Ofta och 5 poäng för Nästan alltid.

Summera svaren enligt följande:

Tacksamhet för en stödjande arbetsmiljö: Lägg ihop punkterna 2, 4, 6, 8, 9, 10

Tacksamhet för meningsfullt arbete: Lägg ihop punkterna 1, 3, 5, 7

Instruktion till medarbetarna

Tänk på dina erfarenheter av att arbeta på ditt nuvarande jobb. Om du har mer än ett jobb, tänk på det jobb du spenderar mest tid på. Ange sedan hur ofta du känner dig tacksam för de aspekter av ditt jobb som anges här nedan.

Hur ofta är du tacksam för...	Aldrig 1	Sällan 2	Ibland 3	Ofta 4	Nästan alltid 5
1. Dina interaktioner med dem du arbetar för, t.ex. kunder/patienter/studenter?					
2. Lönen och förmånerna du får?					
3. Den positiva inverkan ditt jobb har på andra?					
4. Balansen mellan ditt jobb och ditt privatliv?					
5. Dina egna prestationer på jobbet?					
6. Atmosfären/kulturen i din arbetsmiljö?					
7. Din förmåga att växa och lära av ditt jobb?					
8. Vilket stöd du får från din(a) chefer/ledare?					
9. Stödet du får från dina medarbetare?					
10. Ditt självbestämmande på din arbetsplats?					

2. En kvalitativ mätning av tacksamhet på jobbet

I studien *A Test of Two Positive Psychology Interventions to Increase Employee Well-Being,*[169] fick deltagarna besvara frågan nedan 3 gånger per vecka för att öka deras fokus på tacksamhet. Svaren samlades inte in, utan syftet var att ge ett fokus till en individuell tacksamhetspraktik.

Instruktion till medarbetarna

Försök att tänka på de många saker i ditt arbete, både stora och små, som du är tacksam för. Dessa kan innefatta stödjande arbetsrelationer, uppoffringar eller tjänster som andra har gjort för dig, fördelar eller möjligheter på jobbet eller tacksamhet för möjligheten att ha ditt jobb i allmänhet. Försök att tänka på nya idéer som du inte har fokuserat på tidigare.

3. Mätning av tacksamhet i allmänhet

Övningen är framtagen av Robert A Emmons PhD, professor i psykologi på University of California och grundare och chefredaktör för The Journal of Positive Psychology. Övningarna finns i sin helhet i boken *Gratitude Works! – A 21-day program for creating emotional prosperity.*

Instruktion till medarbetarna

Skriv den siffra som överensstämmer med hur du uppfattar påståendet. Försök att svara så ärligt du kan.

(I originaltexten har begreppen ”strongly disagree”, ”disagree”, ”slightly disagree”, ”neutral”, ”slightly agree”, ”agree” och ”strongly agree” an- vänts. Jag har valt att översätta dem till de nedanstående).

1=Tar helt avstånd

2=Tar avstånd

3=Tar avstånd något

4=Tar varken avstånd eller håller med

5=Håller med något

6=Håller med

7=Håller med helt och hållet

1. Jag har så mycket att vara tacksam för i livet.
2. Om jag skulle lista allt som jag kände mig tacksam för, skulle det bli en väldigt lång lista.
3. När jag ser på världen, ser jag inte mycket att vara tacksam för.
4. Jag är tacksam för en mängd olika människor.
5. När jag blir äldre finner jag mig själv mer kapabel att uppskatta de människor, händelser och situationer som har varit en del av min livshistoria.
6. Lång tid kan gå innan jag känner mig tacksam mot något eller någon.
7. Jag har blivit rikt välsignad i mitt liv.
8. För att vara ärlig krävs det väldigt mycket för att få en person som mig att känna uppskattning.
9. Jag har en underbar känsla av tacksamhet för livet självt.
10. Jag reflekterar ofta över hur mycket lättare mitt liv är på grund av andras ansträngningar

Resultat

Räkna ihop poängen för påstående 1, 2, 4, 5, 7, 9 och 10.
För påstående 3, 6 och 8, blir poängen omvända, så att en 7:a räknas som en 1:a, en 6:a som en 2:a och så vidare. Summan av alla poäng bör bli mellan 10 och 70, där 65-70 har en stark fallenhet för tacksamhet och de under 40 har svårare för att känna tacksamhet.

Resultaten behöver inte användas som en värdering av enskilda personers tacksamhet, utan kan ses som en mätning av hur tacksamhetspraktiken fungerar på jobbet. Som beskrivits i tidigare kapitel, finns det personer som har lättare eller svårare för att ta till sig och känna tacksamhet.

4. En klassisk kvantitativ metod för att mäta tacksamhet

En klassisk metod för att mäta tacksamhetskänslor är The Gratitude Adjective Checklist (GAC), utvecklad av de framstående forskarna inom tacksamhet: McCullough, Emmons, Tsang m fl 2002.[170] De skiljer på orden "Grateful" och "Thankful", men båda orden översätts på svenska till "Tacksam". Skillnaden mellan Thankful och Grateful beskrivs på lite olika sätt och bland annat som att *gratitude* är ett valt förhållningssätt, medan *thankfulness* är en känsla. *Gratitude* är en attityd av uppskattning oavsett omständigheterna och gratitude involverar att vara *thankful*, men är mer än det. *Gratitude* innebär att uttrycka tacksamhet och vara uppskattande varje dag i livet, även när inget särskilt händer.[171]

Föslagsvis används endast alternativet "Tacksam" i mätningen.

Instruktion till medarbetarna

Tänk på hur du kände igår/har känt dig under de senaste veckorna.

Välj ett nummer på skalan för att ange din känsla av följande:

1. Tacksam (Grateful)

2. Tacksam (Thankful)

(Om undersökningen görs på svenska, används antingen 1 eller 2).

3. Uppskattande (Appreciative)

Välj ett av dessa nummer:

1 (inte alls)

2 (lite)

3 (måttligt)

4 (ganska mycket)

5 (väldigt mycket)

Summera svaren på de 3 punkterna (2 på svenska)

Referenser

1 https://greatergood.berkeley.edu/article/item/how_grateful_are_americans

2 https://netfamilybusiness.com/wp-content/uploads/2021/02/Proof-That-Positi ve-Work-Cultures-Are-More-Productive.pdf

3 https://www2.deloitte.com/content/dam/Deloitte/us/Documents/human-capital/us-cons-culture-vs-engagement.pdf

4 Emmons & McCullough, 2003, McCullough, Kilpatrick, Emmons, & Larson, 2001, Wood, Froh, & Geraghty, 2010.

5 Lane, J., & Anderson, N. H. 1976. Integration of intention and outcome in moral judgment. Memory & Cognition. https://doi.org/10.3758/BF03213247

6 Fehr 2016. The Grateful Workplace: A Multilevel Model of Gratitude in Organiza tions https://www.researchgate.net/publication/307559986_The_Grateful_Workpla ce_A_Multilevel_Model_of_Gratitude_in_Organizations

7 Tesser,A., Gatewood, R., & Driver, M. (1968). Some determinants of gratitude. Journal of Personality and Social Psychology

8 Tsang, 2006. The effects of helper intention on gratitude and indebtedness. Motivation and Emotion, 30(3), 198–204. https://doi.org/10.1007/s11031-006-9031-z

9 Neural correlates of gratitude. Glenn R. Fox, Jonas Kaplan, Hanna Damasio and An tonio Damasio. Department of Psychology, Brain and Creativity Institute, University of Southern California, Los Angeles, CA, USA

10 Emmons, R. A., & McCullough, M. E. 2003. Counting blessings versus burdens: An experimental investigation of gratitude and subjective well-being in daily life. Journal of Personality and Social Psychology, https://doi.org/10.1037/0022-3514.84.2.377

11 Kashdan, T. B., Uswatte, G., & Julian, T. 2006. Gratitude and hedonic and eudaimonic well-being in Vietnam war veterans. Behaviour Research and Therapy. https://doi.org/10.1016/j.brat.2005.01.005

12 Algoe, S. B. 2012. Find, Remind, and Bind: The Functions of Gratitude in Everyday Relationships. Social and Personality Psychology Compass, 6(6), 455–469. \\https://doi.org/10.1111/ j.1751-9004.2012.00439.x

13 Wood, A. M., Joseph, S., & Maltby, J. 2009. Gratitude predicts psychological well-being above the Big Five facets. Personality and Individual Differences. https://doi.org/10.1016/j.paid.2008.11.012

14 Philip C Watkins, Kathrane Woodward, Tamara Stone and Russel L Kolts. Eastern Washington University 2003. Gratitude and happiness - development of a measure of gratitude and relationships with subective well-being. https://greatergood.berkeley.edu/pdfs/GratitudePDFs/5Watkins-GratitudeHappiness.pdf

15 Gratitude Works" A 21 Day Program for Creating Emotional Prosperity. Jossey-Bass 2013

16 Emmons 2013. Gratitude Works! A 21 Day Program for Creating Emotional Prosperity. Jossey-Bass

17 Summer Allen Ph.D. ggsc.berkeley.edu 2018. The Science of Gratitude

18 Bonnie & de Waal 2004. https://psycnet.apa.org/record/2004-00298-011

19 Brosnan, Sarah F. de Waal, Frans B. M. Proctor, Darby 2014. https://psycnet.apa.org/record/2014-37421-001

20 Malini Suchak, Timothy M Eppley, Matthew W Campbell, Frans B M de Waal 2014.

https://pubmed.ncbi.nlm.nih.gov/24949236/
21 Komase et al 2020. Reliability and validity of the Japanese version of the Gratitude at Work Scale (GAWS) https://www.jstage.jst.go.jp/article/joh/62/1/62_e12185/_article/-char/ja/
22 Unanue et al 2021. Gratitude at Work Prospectively Predicts Lower Workplace Materialism: A Three-Wave Longitudinal Study in Chile. https://www.mdpi.com/1660-4601/18/7/3787
23 Garg 2022. Gratitude and work-family enrichment among Indian female workforce: exploring the mediating role of psychological capital. https://www.inderscienceonline.com/doi/abs/10.1504/IJWOE.2022.121971
24 Kuyngil et al 2020. Gratitude Enhances Work Engagement through Reduced Perception of Damage: A Case Study in Nepals' Earthquake Disaster. https://openpsycholo gyjournal.com/VOLUME/13/PAGE/206/
25 Zahn et al 2009. The neural basis of human social values: Evidence from functional MRI. Cerebral Cortex. https://doi.org/10.1093/cercor/bhn080
26 The Neuroscience of Gratitude and Effects on the Brain, 9 Apr 2019 by Madhuleena Roy Chowdhury, BA. https://positivepsychology.com/neuroscience-of-gratitude/?utm_content=cmp-true
27 Emmons & Mishra 2010. Why Gratitude Enhances Well-Being: What We Know, What We Need to Know https://emmons.faculty.ucdavis.edu/wp-content/uploads/sites/90/2015/08/2011_2-16_Sheldon_Chapter-16-11.pdf
28 Emmons & Froh 2011. Gratitude and the reduced costs of materialism in adolescents. https://psycnet.apa.org/record/2011-03840-007
29 Brené Brown on Joy and Gratitude, Global Leadership Network, 21 nov 2018. https://globalleadership.org/articles/leading-yourself/brene-brown-on-joy-and-gratitude/
30 Fehr et al 2016. The Grateful Workplace: A Multilevel Model of Gratitude in Organizations https://www.researchgate.net/publication/307559986_The_Grateful_Workplace_A_Multilevel_Model_of_Gratitude_in_Organizations
31 Fox et al 2015. Neural Correlates of Gratitude. https://www.academia.edu/16493014/Neural_correlates_of_gratitude
32 Boyles, 2009 https://research.com/education/scientific-benefits-of-gratitude
33 Danner, D.D., D. Snowden, and W. V. Friesen. "Positive Emotions in Early Life and Longevity: Findings from the Nun Study." Journal of Personality and Social-Psychology 2001. https://www.apa.org/pubs/journals/releases/psp805804.pdf
34 Emmons & McCullough 2003. Counting blessings versus burdens: An experimental investigation of gratitude and subjective well-being in daily life. Journal of Personality and Social Psychology. https://doi.org/10.1037/0022-3514.84.2.377
35 John Templeton Foundation https://ggsc.berkeley.edu/images/uploads/GGSC-JTF_White_Paper-Gratitude-FINAL.pdf
36 Mills et al 2015. The Role of Gratitude in Spiritual Well-Being in Asymptomatic Heart Failure Patients https://www.apa.org/pubs/journals/releases/scp-0000050.pdf
37 Pilot Randomized Study of a Gratitude Journaling Intervention on Heart Rate Variability and Inflammatory Biomarkers in Patients With Stage B Heart Failure. https://journals.lww.com/psychosomaticmedicine/Abstract/2016/07000/Pilot_Randomized_Study_of_a_Gratitude_Journaling.5.aspx.
38 Millstein et al 2016. The effects of optimism and gratitude on adherence, functioning and mental health following an acute coronary syndrome. General Hospital Psychiatry, 43, 17–22. https://doi.org/10.1016/j.genhosppsych.2016.08.006
39 Celano et al 2016. Associations Between Psychological Constructs and Cardiac

Bio-markers After Acute Coronary Syndrome. Psychosomatic Medicine, (April), 318–326. https://doi.org/10.1097/PSY.0000000000000404
40 https://pubmed.ncbi.nlm.nih.gov/26166171/
41 https://www.massgeneral.org/psychiatry/research/cardiac-psychiatry-research-program
42 Millstein et al 2016. The effects of optimism and gratitude on adherence, functioning and mental health following an acute coronary syndrome. General Hospital Psychiatry, 43, 17–22. https://doi.org/10.1016/j.genhosppsych.2016.08.006
43 Krause, Emmons et al 2017. General feelings of gratitude, gratitude to god, and hemoglobin A1c: Exploring variations by gender. The Journal of Positive Psychology, 12(6), 639–650. https://doi.org/10.1080/17439760.2017.1326520
44 Karns et al 2017. The Cultivation of Pure Altruism via Gratitude: A Functional MRI Study of Change with Gratitude Practice. https://pubmed.ncbi.nlm.nih.ov/29375336/ Chowdhury 2019. The Neuroscience of Gratitude and Effects on the Brain https://positivepsychology.com/neuroscience-of-gratitude/
45 Fox, Kaplan et al 2015. https://www.frontiersin.org/articles/10.3389/fpsyg.2015.01491/full
46 Kini, Wong et al 2016. The effects of gratitude expression on neural activity. NeuroI-mage. https://doi.org/10.1016/j.neuroimage.2015.12.040
47 Zahn et al 2009. The neural basis of human social values: Evidence from functional MRI. Cerebral Cortex. https://doi.org/10.1093/cercor/bhn080
48 Wood et al, 2009. Gratitude influences sleep through the mechanism of pre-sleep cognitions. https://pubmed.ncbi.nlm.nih.gov/19073292/
49 Emmons & McCullough 2003. Counting blessings versus burdens: An experimental investigation of gratitude and subjective well-being in daily life. Journal of Personality and Social Psychology. https://doi.org/10.1037/0022-3514.84.2.377
50 Jackowska, M., Brown, J., Ronaldson, A., & Steptoe, A. 2016. The impact of a brief gratitude intervention on subjective well-being, biology and sleep. Journal of Health Psychology. https://doi.org/10.1177/1359105315572455
51 Wood, A. M., Joseph, S., Lloyd, J., & Atkins, S. (2009). Gratitude influences sleep through the mechanism of pre-sleep cognitions. Journal of Psychosomatic Research. https://doi.org/10.1016/j.jpsychores.2008.09.002
52 https://greatergood.berkeley.edu/article/item/does_practicing_gratitude_help_your_immune_system
53 https://time.com/5026174/health-benefits-of-gratitude/
54 https://www.thesilo.ca/thanksgivings-underlying-message-of-gratitude-helps-willpower/
55 https://emmons.faculty.ucdavis.edu/wp-content/uploads/sites/90/2015/08/2003_2-Emmons_McCullough_2003_JPSP.pdf
56 Emmons, R. A., & McCullough, M. E. (2003). Counting blessings versus burdens: An experimental investigation of gratitude and subjective well-being in daily life. Journal of Personality and Social Psychology. https://doi.org/10.1037/0022-3514.84.2.377
57 https://www.sportsandspinalgroup.com.au/gratitude-and-pain-are-you-counting-your-blessings/
58 Gratitude Works! A 21-Day Program for Creating Emotional Prosperity, Robert A Emmons. John Wiley & Sons Inc 2013.
59 Prathik Kini, Joel Wong, Sydney McInnis, Nicole Gabana, Joshua W Brown. The effects of gratitude expression on neural activity 2015. https://pubmed.ncbi.nlmnih.gov/26746580/

60 Cheng, Tsui och Lam 2015. Improving mental health in health care practitioners: randomized controlled trial of a gratitude intervention. https://pubmed.ncbi.nlm.nih.gov/25222798/

61 McCraty et al 1998. The impact of a new emotional self-management program on stress, emotions, heart rate variability, DHEA and cortisol. https://pubmed.ncbi.nlm.nih.gov/9737736/

62 McCraty, R., & Childre, D. 2004. The Grateful Heart: The Psychophysiology of Appreciation. https://psycnet.apa.org/record/2004-00298-012

63 Chan, D. W. 2011. Burnout and life satisfaction: Does gratitude intervention make a difference among Chinese school teachers in Hong Kong? Educational Psychology. https://doi.org/10.1080/01443410.2011.608525

64 Chen, L. H., & Chang, Y. P. 2014. Cross-Lagged Associations between Gratitude and Adolescent Athlete Burnout. Current Psychology. https://doi. org/10.1007/s12144-014-9223-8

65 61 H. Chen & Kee, 2008, Gabana, Steinfeldt, Wong, & Chung, 2017, L. H. Chen & Chang, 2016

66 Mei-Yee Ng and Wing-Sze Wong 2012. The differential effects of gratitude and sleep on psychological distress in patients with chronic pain. https://journals.sagepub.com/doi/abs/10.1177/1359105312439733

67 Sirois, F. M., & Wood, A. M. (2016). Gratitude uniquely predicts lower depression in chronic illness populations: A longitudinal study of inflammatory bowel disease and arthritis. Health Psychology, 36(2), 122–132. https://doi.org/10.1037/hea0000436

68 Polak and McCullough, 2006 Polak, E. L., & McCullough, M. E. 2006. Is gratitude an alternative to materialism? Journal of Happiness Studies,

69 Watkins, P. C., Cruz, L., Holben, H., & Kolts, R. L. 2008. Taking care of business? Grateful processing of unpleasant memories. The Journal of Positive Psychology. https://doi.org/10.1080/17439760701760567 7(3), 343–360. https://doi.org/10.1007/s10902-005-3649-5

70 https://www.sciencedirect.com/science/article/abs/pii/S0005796705000392

71 Kerry Howells 2009. Strengthening relationships and resilience through gratitude. https://search.informit.org/doi/abs/10.3316/aeipt.182952

72 Emmons, R. A., & McCullough, M. E. (2003). Counting blessings versus burdens: An experimental investigation of gratitude and subjective well-being in daily life. Journal of Personality and Social Psychology. https://doi.org/10.1037/0022-3514.84.2.377

73 Effectiveness of gratitude on psychological well-being and quality of life among hospitalized substance abuse patients, Maryam Jamshidian Ghalesefidi , Jahangir Maghsoudi , Behrooz Pouragha 2019.

74 Zangh et al 2012. Gratitude and suicidal ideation and suicide attempts among Chinese Adolescents: Direct, mediated, and moderated effects. https://www.sciencedirect.com/science/article/abs/pii/S0140197111000637

75 Kaniuka et al 2020. Gratitude and suicide risk among college students: Substantiating the protective benefits of being thankful. https://www.tandfonline.com/doi/abs/10.1080/07448481.2019.1705838?journalCode=vach20

76 https://www.sciencedirect.com/science/article/abs/pii/S0092656613000597

77 Kumar & Epley, 2018. Undervaluing Gratitude: Expressers Misunderstand the Consequences of Showing Appreciation. https://www.researchgate.net/publication/326022743_Undervaluing_Gratitude_Expressers_Misunderstand_the_Consequences_of_Showing_Appreciation

78 Algoe 2013. The Social Functions of the Emotion of Gratitude via Expression.

https://www.researchgate.net/publication/237015698_The_Social_Functions_of_the_Emotion_of_Gratitude_via_Expression

79 Algoe et al. 2010, Barton m.fl. 2015, Lambert och Fincham 2011, Schramm m.fl. 2005.

80 Lambert and Fincham 2011, Gordon et al. 2012, Young and Curran 2016.

81 https://greatergood.berkeley.edu/images/uploads/JTF_GRATITUDE_REPORT pub.doc

82 https://greatergood.berkeley.edu/images/uploads/JTF_GRATITUDE_REPORT pub.doc

83 Lambert & Finchham 2011. Expressing gratitude to a partner leads to more relationship maintenance behavior. https://psycnet.apa.org/record/2011-04698-005

84 Stoeckel et al 2014. The Adolescent Response to Parental Illness: The Influence of Dispositional Gratitude https://link.springer.com/article/10.1007/s10826-014-9955-y

85 https://futureworkplace.com/ebooks/2021-hr-sentiment-survey/

86 https://www.glassdoor.com/employers/blog/recruit-recap-2019/

87 https://www.forbes.com/sites/victorlipman/2017/04/15/66-of-employees-would-quit-if-they-feel-unappreciated/

88 Northeastern University College of Sciences, 2014

89 Janice Kaplan 2012. GRATITUDE SURVEY Conducted for the John Templeton Foundation, June-October 2012 by. JTF_GRATITUDE_REPORTpub.doc

90 Khan, Fehr et al 2022. Gratitude In the Workplace: Moving Toward New Frontiers. https://journals.aom.org/doi/abs/10.5465/AMBPP.2022.17162symposium

91 Adrian Gostick & Chester Elton 2020. Leading with Gratitude – Eight Leadership Practises for Extraorinary Business Results. Harper Business.

92 https://www.shrm.org/executive/resources/articles/pages/article-ceo-gratitude-bigman.aspx

93 https://www2.deloitte.com/content/dam/Deloitte/us/Documents/human-capital/us-cons-culture-vs-engagement.pdf

94 https://www.glassdoor.com/employers/blog/recruit-recap-2019/

95 https://futureworkplace.com/ebooks/2021-hr-sentiment-survey/

96 https://greatergood.berkeley.edu/article/item/how_gratitude_can_transform_your_workplace

97 https://www.intelligentchange.com/blogs/read/gratitude-in-business

98 Why Gratitude Is Important in Business. https://www.intelligentchange.com/blogs/read/gratitude-in-business

99 https://www.worktango.com/wp-content/uploads/2022/12/WorkTango-Future-of-Employee-Engagement-2023-Research-Report.pdf

100 http://www.dyckerhoff-bdu.de/images/Downloads/Dyckerhoff_Gallup_Studie_Howprocent20_Employee_Engagement_Drives_Growth.pdf

101 https://hbr.org/2017/03/why-the-millions-we-spend-on-employee-engagement-buy-us-so-little

102 https://www.ibm.com/downloads/cas/0O6GXMQE

103 https://www.ibm.com/downloads/cas/XEY1K26O

104 https://www.ibm.com/downloads/cas/XEY1K26O

105 The Relationship Between Engagement at Work and Organizational Outcomes 2020 Q12® Meta-Analysis: 10th Edition. Oktober 2020. https://www.gallup.com/workplace/321725/gallup-q12-meta-analysis-report.aspx

106 The Benefits of Employee Engagement, January 2023. https://www.gallup.com/workplace/232955/no-employee-benefit-no-one-talking.aspx

107 https://mike-robbins.com/tedxberkeley/

108 https://www.hrfuture.net/talent-management/culture/use-gratitude-to-enhance-employee-engagement/

109 https://www.workhuman.com/press-releases/White_Paper_The_Future_of_Work_is_Human.pdf

110 https://greatergood.berkeley.edu/article/item/how_grateful_are_americans

111 https://netfamilybusiness.com/wp-content/uploads/2021/02/Proof-That-Positive-Work-Cultures-Are-More-Productive.pdf

112 Kaplan et al, 2013. https://www.researchgate.net/publication/271921283_A_Test_of_Two_Positive_Psychology_Interventions_to_Increase_Employee_Well-Being

113 https://www.workhuman.com/blog/gratitude-in-the-workplace/

114 https://www.workhuman.com/blog/gratitude-in-the-workplace/

115 https://www.computerweekly.com/news/4500250705/A-third-of-employees-will-sell-company-data-if-the-price-is-right-study-reveals

116 Burton 2020. The Neuroscience and Positive Impact of Gratitude in the Workplace. https://www.proquest.com/openview/9626a517cd60301bcbdd1107214877b3/1?pq-origsite=gscholar&cbl=32264

117 https://hbr.org/2020/11/building-a-better-workplace-starts-with-saying-thanks

118 Grant et al 2010. A Little Thanks Goes a Long Way: Explaining Why Gratitude Expressions Motivate Prosocial Behavior. https://www.umkc.edu/facultyombuds/documents/grant_gino_jpsp_2010.pdf

119 https://www.sciencedirect.com/science/article/abs/pii/S0167268108000127

120 https://nectarhr.com/blog/employee-recognition-statistics#toc-0

121 https://www.youtube.com/watch?v=2hIYKo9YStE&t=8s

122 https://www.entrepreneur.com/leadership/simply-expressing-gratitude-will-help-you-build-an-empire/323733

123 https://www.researchgate.net/publication/271921283_A_Test_of_Two_Positive_Psychology_Interventions_to_Increase_Employee_Well-Being

124 https://static1.squarespace.com/static/5c954421d7819e7a8f48768a/t/5d2559c2e6fbfb0001f9114b/1562728899730/Lea-Waters-Gratitude-at-Work.pdf

125 https://www.shrm.org/executive/resources/articles/pages/article-ceo-gratitude-big man.aspx

126 Gratitude at Work Works! A Mix-Method Study on Different Dimensions of Gratitude, Job Satisfaction, and Job Performance, by Michela Cortini, Daniela Converso, Teresa Galanti, Teresa Di Fiore, Alberto Di Domenico and Stefania Fantinelli, Department of Psychological, Health and Territory Sciences, Università "G. d'Annunzio" of Chieti-Pescara, Italy https://www.mdpi.com/2071-1050/11/14/3902

127 https://www2.deloitte.com/us/en/insights/deloitte-review/issue-16/employee-engagement-strategies.html

128 https://www.gallup.com/workplace/236441/employee-recognition-low-cost-high-impact.aspx

129 https://www.glassdoor.com/employers/blog/mission-culture-survey/

130 GRATITUDE SURVEY Conducted for the John Templeton Foundation, June-October 2012 by Janice Kaplan

131 https://www.researchgate.net/publication/307559986_The_Grateful_Workplace_A_Multilevel_Model_of_Gratitude_in_Organizations

132 https://greatergood.berkeley.edu/article/item/how_gratitude_can_transform_your_workplace

133 Westover 2020. The Benefits Of Showing Gratitude In The Workplace. https://www.forbes.com/sites/forbescoachescouncil/2021/12/29/the-

benefits-of-showing-gratitude-in-the-workplace/

134 D. Raggio Marketing, Robins School of Business, University of Richmond, Richmond, Virginia, USA Anna M. Walz Marketing, Grand Valley State University, Grand Rapids, Michigan, USA Mousumi Bose Godbole Marketing, Fairfield University, Fairfield, Connecticut, USA, och Judith Anne Garretson Folse Marketing, Louisiana State Uni versity, Baton Rouge, Louisiana, USA Gratitude in Relationship Marketing: Theoretical Development and Directions for Future Research 2014.

135 Palmatier 2009. The Role of Customer Gratitude in Relationship Marketing. https://www.academia.edu/13422316/The_Role_of_Customer_Gratitude_in_Relationship_Marketing?from=cover_page

136 https://www.scirp.org/journal/paperinformation.aspx?paperid=107005 https://foster.uw.edu/wp-content/uploads/2015/04/gratitude-relationship-marketing.pdf

137 https://www.shrm.org/executive/resources/articles/pages/article-ceo-gratitude-bigman.aspx

138 Leading with Gratitude, Eight Leadership Practises for Extraordinary Business Results Adrian Gostick and Chester Elton. Harper Business 2020.

139 https://www.ioshmagazine.com/2020/07/07/brain-gain

140 Lea Waters 2012. Predicting Job Satisfaction: Contributions of Individual Gratitude and Institutionalized Gratitude. https://file.scirp.org/pdf PSYCH_2012123116292186.pdf

141 https://www.akaviaaspekt.se/annonser/chefer-maste-vanja-sig-vid-att-arbetssokande-tar-referens-pa-dem/

142 https://www.workhuman.com/press-releases/White_Paper_The_Future_of_Work_is_Human.pdf

143 https://www.workhuman.com/press-releases/White_Paper_The_Future_of_Work_is_Human.pdf

144 https://www.akaviaaspekt.se/annonser/chefer-maste-vanja-sig-vid-att-arbetssokande-tar-referens-pa-dem/

145 Ungdomsbarometern 2022

146 Leading with Gratitude – Eight Leadership Practises for Extraorinary Business Results. Adrian Gostick and Chester Elton, 2020

147 https://www.svensktnaringsliv.se/regioner/uppsala/nya-krav-nar-generation-y-intar-arbetsmarknaden_1003289.html.

148 https://www.carriermanagement.com/news/2020/09/09/211052.htm

149 https://www.bls.gov/news.release/jolts.nr0.htm

150 https://www.ioshmagazine.com/2020/07/07/brain-gain

151 https://www.glassdoor.com/research/workplace-trends-2023/

152 https://www.forbes.com/sites/jacobmorgan/2015/05/27/why-the-future-of-work-is-all-about-the-employee-experience/

153 GRATITUDE SURVEY Conducted for the John Templeton Foundation, June-October 2012 by Janice Kaplan

154 Enesi et al 2012. How power corrupts relationships: Cynical attributions for others' generous acts - ScienceDirect. https://www.sciencedirect.com/science/article/abs/pii/S002210311200011X

155 https://www2.deloitte.com/us/en/insights/focus/human-capital-trends.html#activating-the-future

156 https://mike-robbins.com/tedxberkeley/

157 Lea Waters 2012. Predicting Job Satisfaction: Contributions of Individual Gratitude and Institutionalized Gratitude.

https://file.scirp.org/pdf PSYCH_20121231162921 86.pdf
158 Leading with Gratitude – Eight Leadership Practises for Extraorinary Business Results. Adrian Gostick and Chester Elton, 2020
159 Glassdoor Economic research. https://www.glassdoor.com/employers/blog/employers-to-retain-half-of-their-employees-longer-if-bosses-showed-more-appreciation-glassdoor-survey/
160 https://greatergood.berkeley.edu/article/item/how_gratitude_can_transform_your_workplace
161 https://www.intelligentchange.com/blogs/read/gratitude-in-business
162 https://www.intelligentchange.com/blogs/read/gratitude-in-business
163 Adrian Gostick och Chester Elton 2020. Leading with Gratitude - Eight Leadership Practises for Extraordinary Business Results.
164 Adrian Gostick och Chester Elton 2020. Leading with Gratitude - Eight Leadership Practises for Extraordinary Business Results.
165 https://medium.com/glitch/gratitude-as-a-company-value-4bc9c8f0a4fc
166 https://www.theladders.com/career-advice/how-i-used-a-gratitude-intervention-to-change-company-culture
167 18-01-17 GAWS Scale Manual and Psychometric Properties.doc
https://paulspector.com/assessment-files/gaws/gaws-development.pdf
https://www.stevenericspector.com/general-affective-well-being-scale-gaws/
168 18-01-17 GAWS Scale Manual and Psychometric Properties.doc
https://paulspector.com/assessment-files/gaws/gaws-development.pdf
https://www.stevenericspector.com/general-affective-well-being-scale-gaws/
169 Kaplan et al, 2013. https://www.researchgate.net/publication/271921283_A_Test_of_Two_Positive_Psychology_Interventions_to_Increase_Employee_Well-Being
170 McCullough, M. E., Emmons, R. A., & Tsang, J.-A. 2002. The grateful disposition: A conceptual and empirical topography. Journal of Personality and Social Psychology, 82(1), 112– 127. doi:10.1037//0022-3514.82.1.112
171 https://www.psychmc.com/blogs/difference-between-gratitude-and-thankfulness
172 https://www.glassdoor.com/employers/blog/recruit-recap-2019/
173 https://www.forbes.com/sites/victorlipman/2017/04/15/66-of-employees-would-quit-if-they-feel-unappreciated/
174 https://hbr.org/2017/03/why-the-millions-we-spend-on-employee-engagement-buy-us-so-little

tacksam.nu